리얼 머니, 더 비트코인 :
혼돈의 시대, 거대한 부의 탄생이 시작됐다

REAL MONEY, THE BITCOIN

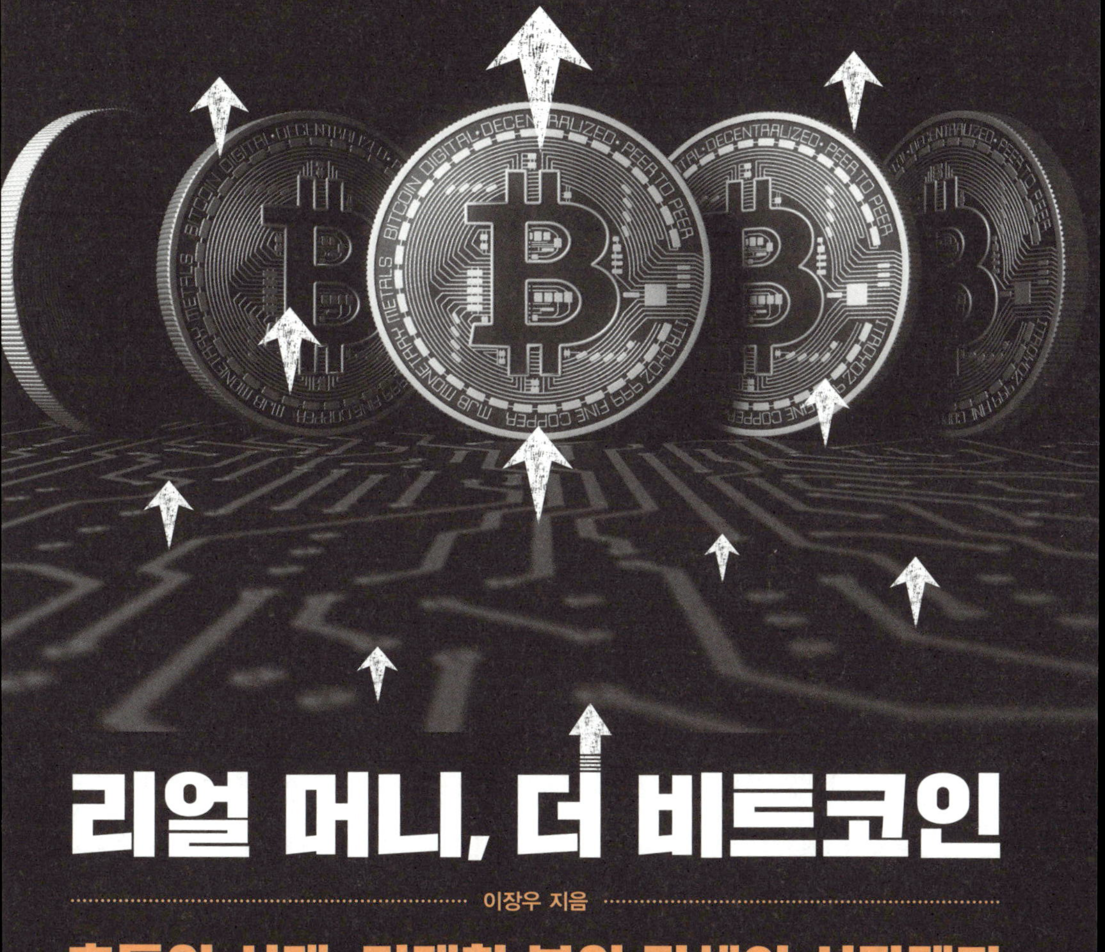

리얼 머니, 더 비트코인

이장우 지음

혼돈의 시대, 거대한 부의 탄생이 시작됐다

프롤로그
붉은 깃발법 그리고 비트코인

세계 최초의 도로교통법이라 불리는 '붉은 깃발법The Locomotives on Highways Act'은 1865년 영국에서 시행된 법률이다. 이 법의 내용을 현재 기준으로 들여다보면 제법 황당하다. 자동차가 도시에서 주행할 경우 3 km 이상 속도를 내면 안 된다는 것이 주된 내용이다. 또한, 낮에는 붉은 깃발을 가진 사람이, 밤에는 붉은 등을 든 사람이 자동차의 60야드(약 55m) 전방을 걸으면서 말과 기수에게 자동차의 접근을 예고하는 역할을 해야 한다.

더 나아가 1878년 개정된 법안에서는 차량이 말을 우연히 만날 경우 차량을 정지해야 하고, 차량이 말을 놀라게 할 만한 연기나 증기를 내뿜는 것을 금지했다. 이는 명목상으로 당시 도로의 주 이용자였던 마차와 기수를 보호하기 위한 법안이었지만, 실질적인 목적은 기득권을 이루고 있던 마차 업계의 권익을 보호하면서 자동차 발전을 규제하기 위함이었다.

그러나 처음 의도와는 다르게 이 법안은 미래 세대의 먹거리가 될 수 있었던 자동차 산업의 손발을 묶어버렸다. 영국은 산업혁명의 발상지이자 자동차를 가장 먼저 만든 나라였지만, 안타깝게도 이 법안으로 자동차 산업의 주도권을 프랑스와 독일, 미국에게 내준 꼴이 된 것이다.

그래서 붉은 깃발법 사례는 기존의 규제를 고집할 경우 기술 발전을 충분히 이용하지 못한다는 논리로 많이 활용되었다. 2009년 무렵 미국의 급진적인 시장 만능주의자들이 '규제'라는 것을 조롱하기 위한 장치로 이 사례를 많이 인용하기도 했다. 한국에서는 문재인 정부 시절 인터넷 은행을 활성화하기 위해 은산분리를 완화하려고 할 때 반대 측 논리에 대응용으로 이 법안을 사용하기도 했다.

하지만 모든 인간사가 흑백논리로만 나누어지기 어렵듯, 당시의 붉은 깃발법이 나오게 된 배경에는 시대적 상황에 따른 현실적 이유도 존재했다. 홍기빈의 《어나더 경제사》를 보면 당시의 상황을 잘 알 수 있다.

먼저 1865년의 자동차는 지금 우리가 알고 있는 휘발유나 경유로 가는 그런 내연기관의 자동차가 아니었다. 증기기관으로 가는 자동차였는데, 어마어마한 크기의 물탱크를 얹고 엄청난 양의 석탄을 때서 증기기관의 힘으로 달려가는 방식이었다. 크기는 폭이 3미터 정도로 컸고 무게는 무려 수 톤부터 14톤에 달하는 것도 있었다. 도로 사정 또한 한몫했다. 당시 영국의 도로는 말이나 마차만 지나가더라도 흙이 패고 돌이 튀기 일쑤였다. 관리를 하기 위해 정부에서는 통행료를 걷거나 도로를 함부로 사용하지 못하도록 구조물을 놓아두기도 했다. 이런 상황에서 14톤짜리 증기 자동차가 코뿔소처럼 마구 뛰어다니면 도로가 무슨 꼴이 되겠는가?

이보다 더 심각한 문제는 당시까지 도로 이용자의 대부분은 말과 마차였다. 그런데 저 앞에서 코끼리만 한 쇳덩어리가 엄청난 굉음과 연기를 뿜으며 무섭게 달려온다면 어떤 일이 발생하겠는가. 말이 놀라 자빠지거나 저 멀리 도망갈 텐데 말에 타고 있던 사람이 낙마하고 마차가 뒤집어지면서 도로 일대가 아수라장이 되는 일이 생기지 않겠는가?

이러한 시대적 상황을 고려해 본다면 황당한 붉은 깃발법이라는 게 당시의 기술과 사회적 조건을 보면 정당화될 법한 면도 있다.

— 홍기빈의 《어나더 경제사》 中

이 사례를 다시 한번 언급하며 되짚는 이유는 이것이 단순히 '어이없는 규제'이기 때문만은 아니다. 우리가 신기술을 바라볼 때 과거의 경험으로부터 축적된 사물의 범주로만 성급히 분류한다거나, 나도 모르게 가지고 있는 편견으로 해당 사물이나 기술을 제대로 바라보지 못할 수도 있다는 점을 상기시키기 위함이다.

일반적으로 인간은 새로운 사물을 맞닥뜨릴 때 이것이 내가 알고 있는 지식의 체계에서 어느 범주에 속하는가를 생각한다. 하지만 새로운 기술은 종종 내가 알고 있는 범주를 넘어선 경우가 많다. 테슬라를 자동차의 범주에 넣어 전기로 가는 자동차인 '전기차'로 볼 것인가, 아니면 기계인 자동차를 넘어 최신 '전자 제품'으로 볼 것인가 논의하는 것과 비슷하다.

붉은 깃발법이 만들어진 1865년에는 '말 없는 마차'를 상상하기가 어려웠듯, 지금 이 책의 주제인 비트코인을 바라보는 시선 역시 '정부 없는 화폐'라는 것에 마땅히 동의하기 어려운 독자들이 많을 것이다. 그러나 붉은 깃발법과 같은 우를 범하지 않으려면 기술은 항상 우리의 상상 이상으로 발전하고 있다는 것을 인정하고 받아들여야 한다. 필자는 우리가 새로운 기술 앞에 겸손해야 한다고 생각한다. 그 기술의 가능성을 짧은 자신의 경험으로 단정하여 싹을 제거하는 것은 매우 위험하다. 특히나 자신이 영향력 있는 공인이라면 더욱더 겸손해야 한다.

아직도 필자의 뇌리에 강하게 박혀있는 사건이 하나 있다. 2018년 1월, 가상 자산이 뜨거워진 그해 JTBC에서 비트코인에 대한 공개 토론을 열었다. 그때 토론자 중 한 명이었던 유시민 작가의 비트코인에 대한 강력한 주장을 다시 꺼내지 않을 수가 없다. 이유는 여전히 국내의 많은 사람들이 유시민 작가의 주장을 그대로 받아들이고 있기 때문이다.

그는 "비트코인은 화폐가 될 수 없으며, 사기다!", "단기적으로는 암호화폐 거래에 온라인 도박과 준하는 규제를 적용하고, 암호화폐 거래소를 폐지해야 한다!"라고 강하게 주장했다. 그 근거로 비트코인의 블록 생성 시간이 10분이라 즉각적인 결제가 불가능하다는 것을 꼽았다. 더불어 높은 전송 수수료로 인해 지불 수단으로 사용하기 부적합하고, 높은 가격 변동성으로 교환의 매개로 부적합하다는 것을 핵심 이유로 언급했다. 하지만 이 중에서 즉각적인 결제와 높은 전송 수수료는 비트코인의 '라이트닝 네트워크'라는 기술을 통해 이미 해결되었다. VISA 카드보다 더 많은 트랜잭션*과 낮은 수수료로 전세계 어디든 거래가 가능하다.

우리는 기술이 현재에 멈춰 있는 것을 전제로 미래의 가치를 단정해서는 안 된다. 토론에서 찬성과 반대는 있을 수 있지만, 그것의 존재 자체를 부정하고 가능성의 싹조차 없애버리며 사기라고 단정하는 태도는 지금 생각해도 많이 아쉽다.

이 책에서 다룰 비트코인은 앞선 전망과는 매우 달라졌다. 2024년 1월 11일 미국 SEC의 비트코인 현물 ETF가 승인됨으로써 이제는 글로벌 자본시장의 중심인 미국의 증권시장에서 거래를 할 수 있게 된 것이다. 지난 30년간 시장에 출시된 5,535개의 ETF 중에서 출시된 지 한 달 안에 가장 많은 유입액을 만들어내기도 했다(IBIT-블랙록, FBTC-피델리티 각각 30억 달러를 넘겼다). 이 자산을 보유하고자 하는 곳이 얼마나 많았는지를 가늠할 수 있다.

하지만 여전히 많은 이가 비트코인을 제대로 받아들이지 못하고 있다. 기업의 주식처럼 배당을 주는 것도 아니고, 산업용으로 쓰이지도 않는 이 자산이 가치를 가진다는 것에 쉽게 동의할 수 없을지도 모른다. 하지만 오랫동안 살아남고, 사람들이 갖고 싶어 하고, 가치를 가지고 있는 것에는 그 나름의 이유가 있다고 생각하며 공부를 해봐야 한다.

---

*트랜잭션 : 블록체인 네트워크에서의 거래 기록으로 자산의 이동, 스마트 컨트랙트의 실행 등 모두를 포함한다.

비트코인은 전세계 어디서든 누구나 접근할 수 있는 개방된 금융 시스템을 제공한다. 이는 금융 포용성을 증대시키고 특히 전통적인 금융 인프라가 부족한 지역에서 경제적 자유를 실현할 수 있는 기회를 제공한다. 뿐만 아니라 비트코인은 인플레이션에 대한 보호 메커니즘을 제공한다. 중앙은행의 통화 발행으로 화폐 가치 하락에 대한 우려가 커지는 가운데, 비트코인은 총 공급량이 2,100만 개로 고정되어 있어 시간이 지남에 따라 신규 공급이 줄어들게 된다. 이러한 특성 덕분에 비트코인은 장기적으로 가치를 보존할 뿐만 아니라, 그 가치가 증가할 가능성도 높다. 비트코인은 현대 사회에서 부를 저장하고 미래로 가치를 이전하는 수단으로서, 전통적인 금융 시스템에 대한 대안적인 해결책으로 작용할 수 있다.

그럼에도 불구하고 비트코인을 받아들이기 힘들고, 동의가 되지 않는가? 자 그럼 비트코인에 대해 제대로 공부를 해보자. 이 자산이 왜 역사상 최고의 부의 저장기술인지 들여다보자. 2020년 출간한《당신의 지갑을 채울 디지털 화폐가 뜬다》에서 언급했었던, 필자가 정말 좋아하는 문장이 있다.

모르면 의심하고 두려워한다. 의심과 두려움은 모든 기회를 앗아간다. 의심과 두려움은 무지에서 온다. 그러므로 의심과 두려움이 밀려오면 공부하고 연구하고 사색해서 실체를 파악해야 한다.

자, 이제부터는 비트코인에 대한 실체를 파악할 때다.

차례

프롤로그 붉은 깃발법 그리고 비트코인 · 004

PART 1.

우리는 무엇을 저축할 것인가?

01 약한 돈에서 강한 돈으로, 약한 자산에서 강한 자산으로 · 016
02 100년간 99% 구매력이 하락한 돈, 달러 · 020
03 우리나라의 세대별 자산 형성 경로의 변화 · 041
04 디지털 시대, 저축의 대상이 바뀐다 · 046

PART 2.

새로운 자산이 등장했다 : 비트코인

01 신뢰를 줄 수 있는 장부를 어떻게 만들 것인가 · 056
02 새로운 자산 클래스의 등장 : 신뢰의 이동 · 064
03 비트코인은 2008년 이전에 이미 만들어졌다 · 071
04 이중지불과 비트코인 채굴 · 081
05 비트코인, 금을 압도하다! 희소성을 결정짓는 숨겨진 메커니즘 · 087
06 비트코인은 화폐다 · 096

PART 3.
최고의 부의 저장 기술 비트코인 : 인류 역사상 최고의 투자처인 이유

01 당신이 하이퍼인플레이션을 경험한 국민이라면? · **104**
02 인플레이션, 과연 왜 생기는 걸까? · **108**
03 부의 재분배의 숨겨진 원리 : 캔틸런 효과 · **120**
04 비트코인 게임의 전략 : 하루라도 빨리, 가능한 많이, 오랫동안 보유하기 · **126**
05 한국에서도 비트코인 ETF는 승인될 것이다 · **137**

PART 4.
반드시 승리하는 비트코인 투자법 : 세이빙 테크(Saving Tech)

01 왜 내가 사면 떨어지고, 내가 팔면 올라갈까? · **144**
02 비트코인 투자에서 배우는 교훈 : 손정의, 마이클 세일러 그리고 제레미 스터디번트 · **147**
03 그리스 신화, 탄탈로스의 지옥 이야기 · **151**
04 왜 적립식 투자인가? : 장기적인 시각이 중요하다 · **154**
05 매달 적금처럼 비트코인을 모았다면? · **163**
06 모으기만 해야 할까? 언제 파는 게 좋을까? · **171**
07 온체인 지표와 적립식 투자가 만나면? · **180**

PART 5.

비트코인의 지정학적 가치

01 검열저항성 : 비트코인은 아무도 뺏어가지 못한다 · **192**
02 비트코인은 전쟁을 억제한다 · **196**
03 국가안보를 위한 전략적 자산으로서의 비트코인 · **200**
04 아프가니스탄과 우크라이나 사태가 증명한 비트코인의 가치 · **205**
05 엘살바도르의 비트코인 이야기 · **209**
06 화폐 주권을 잃은 국가와 국민에게 비트코인은 최후의 보루 · **213**

PART 6.

비트코인에 대한 오해와 오류

01 첫 번째 : 비트코인 채굴은 환경오염을 불러오고 전기를 낭비한다 · **222**
02 두 번째 : 비트코인은 범죄, 불법금융에 많이 이용된다 · **231**
03 세 번째 : 비트코인은 소수가 독점했다 · **236**
04 네 번째 : 비트코인을 특정 국가나 정부가 막으면 끝이다 · **242**
05 다섯 번째 : 비트코인을 다 채굴하면 끝난다 · **246**
06 여섯 번째 : 사토시 나카모토가 사전 채굴했다 · **251**
07 일곱 번째 : 제2의 비트코인이 나온다 · **255**

PART 7.
비트코인 라이트닝 네트워크의 미래

01 라이트닝 네트워크란? · **262**
02 라이트닝 네트워크를 이용한 서비스 · **266**
03 라이트닝 네트워크를 사용하는 방법 · **271**

에필로그 비트코인의 새로운 시대가 열리고 있다 · **276**

PART 1.

우리는 무엇을 저축할 것인가?

01

약한 돈에서 강한 돈으로, 약한 자산에서 강한 자산으로

초등학교 시절로 거슬러 올라가 보면 필자의 어머니도 대부분의 부모님들처럼 자식에게 저축의 습관과 그 중요성을 조금씩 알려주었다. 그러한 가르침 아래에서 그 당시 나는 매월 받는 용돈의 일부를 책상 서랍 속 지갑에 조심스럽게 모으곤 했다.

그때는 돈에 대해 깊게 고민할 나이가 아니었기에, 저축을 그저 좋은 습관 중 하나로만 생각했다. 누구도 알려주지 않았지만, 절약해서 모은 돈을 은행에 적금으로 넣고 연 3~4% 정도 되는 이자를 받는 것만으로도 만족하며 뿌듯해했다.

그렇게 계속 용돈을 모으다보면 어머니는 크게 기뻐하며 칭찬해주었다. 몇 달에 걸쳐 모은 몇 만 원은 오늘날 한 끼 점심값 정도에 불과하다는 사실을 그때는 몰랐다. 내가 열심히 모으고 있는 그 돈의 가치가 미래에도 현재와 비슷할 거라고 생각했었다. 현재 법정 화폐 시스템에서 화폐 가치 절하는 필연적이지만, 이러한 사실은 어린 나이에 생각조차 할 수 없는 내용이었다.

2004년, ROTC를 마치고 대학을 졸업한 후 군대에서 초급 장교로 임관했는데, 당시 월 150만 원 정도의 급여를 받기 시작했다. 그때 받은 급여를 그대로 통장에 넣어 꾸준히 저축했다. 그렇게 28개월의 군복무를 마치니 약 1,500만 원의 돈이 모였다. 당시에 세상 이치를 조금 더 알았더라면 해가 갈수록 야금야금 가치가 떨어지는 원화를 가지고 있는 것이 아니라, 보다 가치 있는 자산으로 바꿔놓았을 것이다. 안타깝게도 그 당시 나는 가치있는 자산을 볼 수 있는 시야가 없었다.

만약 그때 삼성전자 주식을 구매했다면 몇 년 뒤 그 액수는 몇 배가

뛰었을 것이고, 애플 주식을 구매했다면 더 많은 수익을 얻었을 지도 모른다. 만약 강남 부동산을 구매했다면 어떻게 되었을까? 아마 지금보다 더 큰 부를 축적했을 것이다. 하지만 안타깝게도 그때의 필자는 원화가 약한 자산이라는 사실을 깨닫지 못했다. 그래서 더 강한 자산으로 바꾸는 작업을 하지 못한 것이다.

2006년, 첫 직장 생활을 시작했다. 본격적으로 급여를 받게 되면서 적금, 변액 연금과 종신 보험을 포함하여 더욱 다양한 금융 상품으로 돈이 이동하기 시작했다. 당시에 보험 설계사인 지인들은 첫 급여를 받은 사람들을 가만두지 않았다. 엄청난 영업력으로 변액 연금이며, 적립식 펀드, 종신 보험 등을 어떻게든 가입하게 했다.

그렇게 매월 40만 원씩 납입했던 연금 보험을 5년 뒤에 해지했는데, 이자는커녕 원금도 챙기지 못했다. 시간이 지나서 알게 된 것은 보험 설계사들의 영업 비용이 생각보다 컸다는 것이다. 영업 비용이 큰 만큼 고객이 원금을 상환할 수 있는 기간은 점점 멀어졌다. 그 사이에 돈의 가치는 야금야금 떨어진다. 이것을 흔히 '물가가 올랐다'라고 표현한다. 당시를 복기해 보면 내가 무엇을 모으고 있는지를 알지 못한 상태에서 성실하게 그리고 꾸준히 연금 보험에 돈을 납입했다. 5년 뒤 원금 상환조차 되지 않을 것도 모르고 말이다.

적어도 우리는 장기적으로 가치가 상승하는 자산을 모아야 한다. 이자를 조금 더 준다고 현혹되어서는 안 된다. 이자에 시선이 돌아가 있는 사이에 실제 투자한 금액의 가치가 계속 떨어져 형편없는 자산이 될 수 있다. 내가 투자하는 금액, 내가 모으고 있는 자산이 정확히 무엇인지 알아야 한다. 그리고 그 자산은 장기적으로 성장하는 자산이어야 한다. 그것은 투자의 기본이고 진리다.

시간이 흐르며 자연스럽게 자산 축적에 대해 고민을 하기 시작했다. 어린 시절 저축 자체에만 집중했던 태도를 되돌아보며, 중요한 원리를 뒤늦게 깨달았다. 과거에는 단순히 돈을 모으는 것에 초점을 맞췄다고 하면, 이제는 '어떤 자산을 모아야 하는가?'에 대한 질문을 던지기 시작했다. 이는 단순히 금전적 가치가 있는 것들을 모으는 것을 넘어서는 문제였다. 자산의 질과 그것이 장기적으로 가져다주는 가치에 대해 생각하게 된 것이다.

이 과정에서 저축의 개념이 단순히 돈을 아끼고 모으는 것에서, 장기적으로 재정적인 안정과 성장을 위한 투자로 변모하는 것을 목격했다. 필자는 이 책을 통해 올바른 자산의 선택과 장기적인 자산 축적을 위한 방법을 나누고자 한다. 반복해서 얘기할 원리는 '약한 돈에서 강한 돈으로, 약한 자산에서 강한 자산으로 바꾸는 작업'이 부를 이루는 방법론이라는 것이다. 스스로에게 다음과 같은 질문을 던져볼 필요가 있다.

나는 약한 돈을 꾸준히 모으고 있지는 않은가? 나는 약한 자산을 꾸준히 모으고 있지는 않은가? 또는 강한 돈을 팔고 약한 돈으로 바꾸고 있지는 않은가? 강한 자산을 팔고 약한 자산으로 바꾸고 있지는 않은가?

02

100년간 99% 구매력이 하락한 돈, 달러

투자를 하면 수익률이 중요하고, 돈을 빌리면 이자가 중요하다. 기업에 투자를 하면 해당 기업의 매출과 이익이 중요해서 재무제표를 자세히 들여다보기도 한다. 그러나 우리가 '구매력'이라는 관점에서 돈을 들여다볼 일은 거의 없다.

하지만 생각해보자. 지금 내가 쓰고 있는 돈, 원화의 구매력은 어떻게 변해 왔을까? 그리고 또 달러의 구매력은 어떻게 변화했을까? 이를 알아보기에 앞서 구매력의 정의를 조금 더 자세히 살펴보자. 구매력은 돈이 실제로 구매할 수 있는 상품이나 서비스의 양을 의미한다. 경제 내에서 돈의 가치를 측정하는 핵심 지표 중 하나이기도 하다.

2024년 8월 24일 기준 1달러는 1,324원이다. 1달러와 1,324원 중에서 어떤 돈을 갖고 싶은가? 잘 모르겠다면, 조금 더 빠른 결정을 위해 중국의 화폐인 '위안'과 아르헨티나의 화폐 '페소'로 비교해 보도록 하자. 1달러를 중국 화폐로 계산해 보면 7.12위안이 나온다. 아르헨티나의 경우 944페소로 계산할 수 있다. 참고로 5년 전 1달러는 40페소였다. 달러 대비 페소의 가치는 시간이 흐를수록 가파르게 떨어지고 있다. 그렇다면 다시 질문하겠다. 1달러를 갖고 싶은가, 아니면 7.12위안 또는 944페소를 갖고 싶은가? 아마도 대부분의 사람이라면 달러를 갖고자 할 것이다.

이처럼 사람들이 달러를 더 선호하는 이유는 달러가 더 강한 돈이며, 신뢰도가 높기 때문이다. 국가에서 발행한 화폐의 통화가치는 그 국가의 경제력, 국력에 비례한다고 볼 수 있다. 달러는 미국이 글로벌 패권을 거머쥐었던 2차 세계대전 이후 브레튼우즈 체제*부터 줄곧 사실상 가장 강한 돈이었다.

이처럼 강력한 달러의 구매력 변화를 한 번 살펴보자. 아래의 표는 1달러로 실제 구매할 수 있는 상품 및 서비스의 변화를 100년이라는 시간을 기준으로 정리한 것이다.

연도별 미국 달러의 구매력 변화

- 1910년대 : 연방준비제도 탄생
- 1930년대 : 대공황과 미국내 금본위제 중단
- 1940년대 : 브레튼우즈 체제 탄생
- 1970년대 : 금태환 최종 중지 (닉슨 쇼크)
- 2000년대 : 닷컴 버블과 금융 위기
- 2020년대 : 팬데믹 충격

1달러로 살 수 있는 것:
- 1920: 허쉬 초콜릿 30개
- 1930: 화장지 10롤
- 1940: 맥주 10병
- 1950: 코카콜라 20봉지
- 1960: 프레첼 10봉지
- 1970: 자동차 극장 영화 티켓 1장
- 1980: 오렌지 17개
- 1990: 색연필 2박스
- 2000: 자몽 4개
- 2010: 레몬 2개
- 2020: 맥도날드 커피 1개

출처 : U.S. BUREAU OF LABOR STATISTICS (미국 노동통계국)

* 브레튼우즈 체제: 1944년 미국 뉴햄프셔주 브레튼우즈에서 수립된 국제금융체제. 이 체제는 전 세계 통화들이 미국 달러에 고정 환율로 연결되고, 달러는 금과 고정된 비율로 교환할 수 있도록 설정되어 있었다. 이로써 달러가 글로벌 기축통화로서의 역할을 하면서 세계 경제의 안정을 도모할 수 있었다. 하지만 1971년 미국의 금태환 중단으로 브레튼우즈 체제도 실질적으로 종료되었다고 볼 수 있다. 이후부터는 고정 환율이 아닌 변동환율 체제로 전환하게 되었다.

1. 1910년대 : 연방준비제도의 탄생

이 시절 미국은 1907년 공황 이후 은행 규제 법안을 제안하기 위해 '국가통화위원회 National Monetary Commission'가 설립되었다. 통화 공급량은 70억 달러였다. 당시 1달러로 살 수 있는 것은 가죽 신발 한 켤레였다.

1913년 미 의회를 통과한 연방준비법에 의해 우리가 현재 알고 있는 미국의 중앙은행 역할을 하는 '연방준비제도(연준, FED)'가 설립되었다. 당시의 미국 통화 공급량은 130억 달러까지 증가했다.

2. 1920년대 : 공개 시장 조작 정책의 도입

1920년대 초 미 연준은 공개 시장 조작 정책을 개발했다. 이를 통해 연준은 경제에 유동성을 공급하거나, 유동성을 회수함으로써 장단기 금리와 경제 전반에 영향을 미치기 시작했다. 연준이 금융시장과 경제에 더욱 적극적으로 개입할 수 있는 기반을 마련하게 된 것이다. 당시 통화 공급량은 350억 달러였고, 1달러로 살 수 있는 것은 설탕 5파운드 또는 화장지 롤 10개였다.

3. 1930년대 : 대공황과 미국 내 금본위제의 중단

이 당시 미국은 대공황으로 인해 심각한 경제 위기를 겪고 있었다. 경제 활동이 급격히 위축되면서 물가가 지속적으로 하락하는 디플레이션이 발생했고, 이는 경제 회복을 더욱 어렵게 만들었다. 이러한 상황에서 정부는 통화 공급을 늘려 경제를 부양하고자 했는데, 금본위제는 금 보유량에 따라 통화 공급을 제한하는 제도였기 때문에 충분한 돈을 발행할 수 없었다. 결국, 화폐 발행의 유연성을 확보하기 위해 금본위제를 중단하기에 이른다. 뿐만 아니라 프랭클린 D. 루즈벨트 대통령은 금 소지를 범죄로 규정하는 행정명령 6102호에 서명했고, 시민들에게 금을 연방정부에 매각하도록 요구했다.

이렇듯 지금은 상상하기 힘들지만 금을 소지하는 것이 범죄였던 시기가 있었다. 이러한 조치는 금본위제 하에서 금을 통화가치의 기준으로 사용하는 것을 중단하고 정부가 화폐 공급을 더 유연하게 조절할 수 있게 하기 위함이었다. 당시 미국의 통화 공급량은 460억 달러, 1달러로 병맥주 10개를 살 수 있는 시절이기도 했다. 요즘 미국에서 병맥주 1개는 1.67달러 정도 한다(보통 10달러에 6개 팩을 판매). 병맥주 가격이 오른 것일까? 아니다 더 정확한 의미는 달러의 구매력이 10배 넘게 하락한 것이다.

4. 1940년대 : 브레튼우즈 체제의 탄생과 국제 경제 질서 재편

제2차 세계대전에서 연합국의 승리가 점차 확실해지면서, 1944년 7월 1일에 총 44개의 동맹국 및 식민지 대표 730명이 미국 뉴햄프셔주의 스키 휴양지였던 브레튼우즈bretton woods에 위치한 마운트 워싱턴 호텔에 모였다. 그리고 이른바 '브레튼우즈 회의'를 열었다. 이 스키 휴양지에서 열린 회의는 후대에 역사적으로 중요한 사건 중 하나가 된다.

브레튼우즈 회의에서는 전후 세계 경제 질서를 재편하기 위한 중대한 결정이 내려졌다. 이 회의를 통해 도입된 신 통화 체제, 즉 '브레튼우즈 체제'는 전례 없는 금융 시스템의 변화를 불러왔다. 기존 각국 중앙은행이 독립적으로 금에 대한 태환권을 행사하던 방식에서 벗어나, 브레튼우즈 체제 하에서는 오로지 미국만이 금태환의 권리를 갖게 된 것이다.

이에 따라 다른 국가들의 통화 가치는 미국 달러와의 환율을 통해 간접적으로 금과 연결되는 새로운 시스템이 수립되는 계기가 되었다. 이러한 전환은 제2차 세계대전 이후 미국이 경제적 우위를 점하고 있었기에 가능했다. 전쟁을 통해 승리한 미국은 전쟁 배상금을 포함하여 대량의 금을 획득, 당시 전 세계 금의 약 70%를 보유하기에 이른다. 이는 미국 달러를 세계 경제의 기축 통화로 만드는 데 결정적인 역할을 했다.

브레튼우즈 체제의 도입은 국제 금융 시장에서 미국 달러의 지위를 강화시켰고, 미국 중심의 글로벌 경제 질서를 확립하는 교두보 역할을 했다. 브레튼우즈 체제는 국제 경제 질서에 있어 중요한 전환점을 마련함과 더불어 이 체제 하에서 세계 경제는 장기간의 안정과 성장을 이룩할 수 있게 된다. 당시의 통화 공급량은 550억 달러였으며, 1달러로 살 수 있는 것은 코카콜라 20병이었다.

5. 1960년대 : 달러의 과잉 유통과 금본위제 위기

1960년대에 접어들면서 미국 달러의 유통량은 미국의 금 보유량을 초과하는 상황에 이른다. 이 시기 미국은 실업률 증가라는 경제적 어려움을 겪고 있었는데, 존 F. 케네디 대통령이 1960년에 당선되면서 이 문제를 해결하기 위해 과감한 재정 정책을 도입한다. 케인즈 경제학에 기반한 이 정책을 주도할 젊은 학자들이 행정부에 합류했고, 1964년까지 감세 정책과 함께 재정 지출이 증가하는 방향으로 정책이 추진되었다.

특히, 베트남 전쟁과 메디 케어 프로그램 도입으로 인한 정부 지출의 증가는 미국 경제에 큰 부담을 가중시키게 된다.

1960년대 후반으로 가면서 미국은 점진적인 인플레이션 상승률을 경험하기 시작하는데, 금본위제 하에서 이러한 인플레이션은 미국 달러의 국제적 가치에 대한 문제로 확대되었다. 브레튼우즈 체제의 초기 전세계 금의 70%에 달하던 미국의 금보유량은 1960년대 전 세계 금의 절반 이하로 줄어들었음에도 통화량은 계속해서 증가하고 있었다.

그러자 각국은 미국의 금태환 능력에 의심을 하기 시작했다. 그에 따라 외국 정부들은 자국이 보유한 미국 달러를 금으로 교환하려는 요구를 증가시켰고, 이는 미국의 금 보유량에 대한 압박으로 이어졌다. 이러한 경제적 상황은 금본위제의 지속 가능성에 대한 국제적인 의문을 제기하게 만들었다. 결국, 1971년 닉슨 대통령에 의해 금본위제가 폐지되는 계기가 된다. 당시 미국의 통화 공급량은 2,980억 달러, 1달러로 영화표 두 장을 구매할 수 있었다.

6. 1970년대 : 금본위제의 최종 중단(닉슨 쇼크)과 스테그플레이션

이때 미국은 경제적으로 매우 도전적인 시기를 겪는다. '닉슨 쇼크'로 잘 알려진 1971년 8월 리처드 닉슨 대통령은 금태환 중지 조치를 발표한다. 미국의 금 보유량 감소와 금에 대한 국제적인 수요에 대응하기 위해 불가피한 조치였다. 이는 금본위제의 종식을 의미했고 현재까지도 이어져 오고 있다.

이처럼 우리가 현재 사용하고 있는 금융 시스템은 고작 53년 정도의 역사를 가지고 있다. 5,000년 인류 역사를 통틀어 금에 연동되지 않은 통화를 사용하는 드문 시기에 해당한다. 그러므로 현 시스템이 완전할 것이라고 착각해서는 안 된다.

1970년대는 금태환 중지 이외에도 미국이 두 자릿수에 달하는 고인플레이션을 경험한 시기였다. 1960년대 케네디와 존슨 대통령 체제하에서 시작된 과도한 재정 정책은 1973년과 1979년 두 번에 걸친 오일 쇼크를 통해 인플레이션을 촉진시켰다. 더욱 큰 문제는 사람들의 인플레이션 심리가 자기실현적 예언으로 변했다는 것에 있었다. 인플레이션이 지속될 것이라는 생각이 더욱 인플레이션을 촉진하는 악순환을 만들어낸 것이다.

1979년 인플레이션은 13.3%, 1980년 12.5%에 이르며 통제 불능 상태에 돌입하게 된다. 당시 1970년 미국 통화 공급량은 5,890억 달러였고, 이 시기 1달러로 살 수 있는 것은 오렌지 17개였다.

7. 1980년대 : 고삐 풀린 인플레이션

일명 닉슨 쇼크 이전에는 금 1온스 당 35달러였던 교환 가치가 금태환을 중지한 이후 금 1온스 당 1000달러까지 치솟았다. 이는 금에 대한 미국 달러의 가격이 30배나 상승했다는 것을 의미하며, 실질적으로 미국 달러 가치가 1/30로 줄어든 것이다. 베트남전 등의 전쟁 비용 상승으로 달러를 많이 찍어낸 것도 주요 이유 중 하나였다.

이 시기 구원 투수로 등장한 사람이 1979년 연준 의장으로 취임한 폴 볼커 Paul Volcker다. 그는 통제 불능 상태에 이른 인플레이션을 잡기 위해 1979년 10월 긴급 FOMC를 통해 기준금리를 11.5%에서 15.5%로 상향 조정하는 등 폭발적인 금리 인상을 시작했다. 그의 초고금리 정책은 기준금리를 연 20%대까지 끌어 올렸다. 이는 곧 은행에 달러만 예금하기만 해도 최소한 20%의 이자는 받을 수 있다는 의미였다. 이 정책은 달러의 위상을 회복시키는 데 성공했지만, 동시에 아이러니하게도 경기 침체를 불러일으켰다. 미국 중소기업의 40%가 도산하는 등의 경제적 아픔을 초래했다.

확실히 폴 볼커의 금리 인상은 고삐 풀린 인플레이션을 잡는 데는 성공했다. 하지만 경제적 아픔을 초래한 대가로 당시 재임 시기였던 지미 카터 대통령이 재선에 실패하는데 사실상 큰 기여를 했다. 이러한 정치적인 이유로 인해 금리 인상 정책은 늘 현 정권에 부담이 된다.

다행히도 1980년대 초반 경기 침체를 벗어나며 인플레이션이 둔화되기 시작했다. 주식 시장은 계속해서 성장했으나, 1987년 10월 19일 뉴욕 증권 시장에서는 주가가 대폭락하는 '블랙 먼데이' 사건이 발생했다. 이를 해결하기 위해 당시 연준 의장이었던 앨런 그린스펀Alan Greenspan은 금리를 낮추고 통화량을 다시 증가시키기로 결정했다. 이로써 통화량은 또 한번 증가한다. 1980년대 말 미국의 통화 공급량은 3조 1,300억 달러까지 증가했다. 폴 볼커의 고금리 정책이 있었음에도 1980년대 통화 공급량은 가파르게 증가하고 있었다.

8. 1990년대 : 동아시아 외환위기와 기준금리 인하

이 시기 미국 경제는 경기가 확장되는 국면에 있었고 호황은 2001년까지 이어졌다. 새로운 성장 국면, 이른바 '신경제New economy'에 접어들었다는 평가가 나올 정도였다. 국제 유가 역시 1991년 걸프 전 이후 안정적인 흐름을 이어갔다. 이를 바탕으로 미국은 1994년 2월부터 13개월간의 금리 인상기를 거쳐 기준금리를 3%에서 6%까지 인상했다. 일시적으로 1995년 미국의 성장률이 2.7%까지 떨어졌지만, 1996년부터 다시 회복세를 보였다.

하지만 문제는 미국 밖에서 발생했다. 우리가 잘 아는 한국의 IMF 구제 금융의 시발점이었던 동아시아 외환위기가 1997년에 시작된다. 태국, 인도네시아, 말레이시아, 싱가포르와 홍콩을 거쳐 한국까지 외환보유고 부족으로 위기가 발생한다. 동아시아에서 시작된 외환 위기는 러시아로 번졌다(실제로 1998년 8월 러시아는 채무불이행-디폴트를 선언했다). 이어서 중남미 브라질과 아르헨티나 등으로 확대되어 통화 가치가 하락하고 외환 보유고가 바닥난다.

이게 미국의 금리 인상과 무슨 상관일까? 놀랍게도 매우 깊은 연관이 있다. 그것도 매우 좋지 않은 쪽으로. 쉽게 표현하면 미국의 금리 인상으로 전세계에 있는 달러가 미국으로 흡수된 것이다. 미국은 경제가 호황이라 문제가 없었지만, 다른 나라는 미국과는 상황이 달랐다. 그들은 어려움을 겪을 수밖에 없었고, 이렇게 찾아온 경제위기는 돌고 돌아 결국 미국에도 영향을 미친다.

미국은 불가피하게 1998년 10월 '기준금리 인하'를 단행한다. 이것이 향후 위기(닷컴 버블)의 불씨가 되었다. 미국 내의 경제 성장률이 안정적인 상태에서 단행한 금리 인하는 당시 신산업이던 IT기업의 주식 가격을 크게 끌어올리는 데 영향을 미쳤다.

이제 막 시작한 사업에 수익을 거두지도 못하고 있었지만 '새로운 산업'이라는 환상은 무척 강했다. 당시 1990년대 말 미국의 통화 공급량은 4조 6,400억 달러, 1달러로 살 수 있는 것은 우유 1갤런(3.785리터)이었다. 현재는 우유 1갤런을 사려면 4달러가 넘는 돈이 필요하다.

9. 2000년대 : 닷컴 버블과 금융 위기, 양적완화의 시작

1990년대 말 미국의 금리 인하 기조는 앞서 말했듯 2000년대 초반 이른바 '닷컴 버블'을 만들어냈다. 시장에 많이 공급된 돈은 기술 트렌드와 만나면서 인터넷 기업들에 대한 과대평가로 이어졌다. IT기업들이 실제 수익보다 과도한 미래 가치 기반의 평가를 받았고, 이러한 과정은 주식 가격의 급등과 다시 폭락하는 버블을 만들어냈다. 이는 기술의 발전에도 불구하고 인간의 탐욕은 변하지 않는다는 사실을 다시 한번 보여주는 사례가 되었다.

2001년 9월 11일, 필자는 대학교에서 수업을 듣고 있던 중 쉬는 시간에 뉴스를 통해 뉴욕의 고층 건물에 비행기가 충돌하는 장면을 목격했다. 충격적인 사건은 연이어 발생했다. 또 다른 비행기가 반대쪽 건물에 충돌하면서 고층 빌딩이 완전히 붕괴된 것이다. 잠시 후 희뿌연 연기와 함께 110층짜리 쌍둥이 빌딩이 한순간에 무너지며 잿더미가 되었다. 이 장면을 실시간으로 보고 있으면서도 이게 현실이 아니라 잠시 영화를 보는 게 아닌가 착각이 될 정도였다. 그렇다. 이는 우리가 잘 알고 있는 '9.11 테러'다. 즉각적으로 나온 미국의 응징 선언과 함께 이후 글로벌 경제가 출렁거리는 것은 피할 수 없었다. 이 사건은 글로벌 경제에 큰 충격을 주었고 미국은 금리 인하를 통해 경제 위기를 막으려는 움직임을 보였다.

경제 위기가 닥치니 정부는 돈을 많이 풀 수밖에 없었다. 하지만 이 돈 때문에 자산 거품이 형성되고 결국 버블은 붕괴된다. 또, 그 붕괴의 충격을 완화하기 위해 다시금 돈을 풀 수밖에 없는 순환 고리가 형성되었다. 근본적인 치료 없이 임시 조치만이 이어진다면 이는 2008년 금융 위기처럼 금융 시스템 전체의 붕괴로 이어질 수밖에 없다.

피부과에서 스테로이드 성분이 강한 연고를 처방받는 경우를 생각해 보자. 보통 빠르게 증상이 호전되기 때문에 계속 그 연고에 의지하게 된다. 재발하면 더 강한 스테로이드 성분의 약을 처방받게 되고 근본적인 치료 없이 악순환이 계속된다. 결국에는 내성이 생겨 근본적인 치료조차 어려워지는 상태가 된다.

이전에는 금리 인하만으로 여러 차례 경제 위기를 극복할 수 있었지만, 이제는 위기의 크기가 커지고 그에 대한 내성이 점점 강해졌다. 2008년 미국의 부동산 버블 붕괴로 시작된 금융 위기는 이전과 다른 처방이 필요했다. 금리 인하만으로는 시스템 붕괴를 막기에 역부족이었다. 시장의 충격을 진정시킬 파격적인 조치가 필요했고 그것이 '양적완화'*의 시작이었다.

---

*양적완화 : 중앙은행이 국채 매입등을 통해서 시중에 유통되는 통화량을 늘리는 적극적인 통화 정책

2000년대 말 미국의 화폐 공급량은 8조 5,000억 달러, 1달러로 살 수 있는 것은 웬디스 햄버거 하나였다. 현재 웬디스 햄버거 한 개를 사려면 약 4달러가 필요하다.

10. 2010년대 : 양적완화의 부작용 그리고 비트코인의 등장

2008년 금융 위기 이후 미국의 통화 공급량은 급격히 증가했다. 6년 동안 세 차례의 양적완화를 시행했으며 이 기간 풀린 통화는 약 4조 달러에 달했다. 2008년 금융 위기 초기의 총통화 공급량이 8조 달러였음에도 불구하고 4조 달러를 더 추가하여 통화량을 50%나 증가시킨 것이다.

이러한 위기 극복을 위해 투입된 이 돈은 어디에서 나왔을까? 세금일까? 아니다. 바로 양적완화, 즉 연방준비제도가 미국 국채 매입 등을 통해 신규 발행한 돈이 시장에 공급된 것이다.

양적완화는 단기적으로 경기 부양과 금융 시스템 붕괴를 막는 데 중요한 역할을 했다. 그러나 이는 꽤 큰 부작용도 초래했다. 처음 양적완화가 시행될 때는 많은 논란이 있었지만, 이후 위기가 닥칠 때마다 양적완화는 필수적인 안정화 조치로 자리를 잡았다. 1차 양적완화만으로는 경기 부양이 어려웠고, 결국 2차, 3차 양적완화가 시행되었다. 양적완화의 반복은 자산 인플레이션을 초래했다. 그뿐만 아니라 2008년 금융 위기 당시 은행들의 잘못은 구제되었지만 일반 국민들은 경제적 고통을 겪게 만들기도 했다. 이는 정부와 금융 시스템에 대한 불신을 키웠다. 이러한 역사적 배경에서 비트코인과 같은 탈중앙화된, 한정된 발행량을 가진 새로운 경제적 대안이 떠오르게 된 것이다.

양적완화로 인한 자산 가격의 급등은 부의 불평등도 심화시켰다. 주식과 부동산 같은 자산의 가격이 폭등하면서 이러한 자산을 보유한 사람들은 더 큰 부를 축적할 수 있었지만 그렇지 못한 사람들은 더 어려운 경제 상황에 처하게 되었다. 이는 사회적 불만도 증폭시켰고, 경제적 불평등에 대한 논의를 촉발시켰다. 결국 양적완화는 경제를 단기적으로 안정화 시키는 데에는 성공했지만, 장기적으로는 여러 가지 문제를 초래하게 되었다.

비트코인의 탄생에는 이러한 사회적 문제들이 배경으로 자리 잡고 있다. 초기 비트코인의 사용처였던 마약, 총기, 불법 거래 등의 용도만이 비트코인의 수요를 이끌었던 것이 아니다. 그 배경은 정부와 기존 금융 시스템에 대한 불신이 있었고, 이는 2008년 금융 위기와 이를 해결하기 위해 시행된 양적완화로 인해 더욱 촉발되었다.

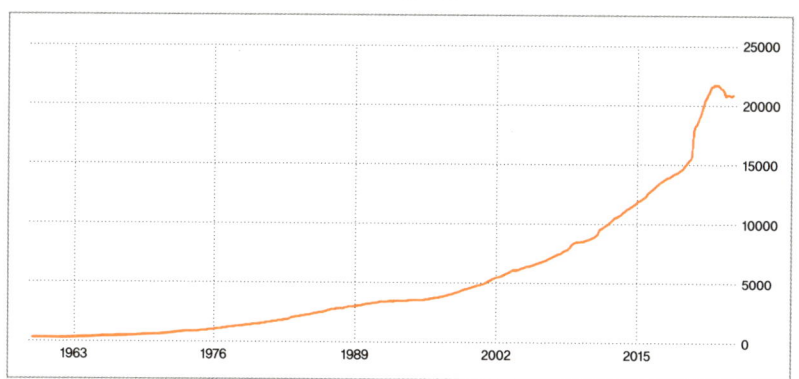

출처 : Tranding Economics.com

2010년대 말 미국의 화폐 공급량은 15조 3,000억 달러다. 1달러로 살 수 있는 것은 아이튠즈에서 판매하는 노래 한 곡이다.

11. 2020년대 : 팬데믹 충격과 인플레이션 헤지 수단의 부상

2020년 코로나19 팬데믹으로 경제는 멈췄다. 붕괴는 순식간이었다. 일자리가 무려 2,000만 개 이상 사라졌다. 〈뉴욕타임스〉는 '실업은 얼마나 치명적인가? 일자리 감소 수를 그래픽으로 표현하려 해도 선 그을 공간이 모자랄 정도다'라고 표현했다.

이러한 공포 상황에 정부와 중앙은행의 대응은 한가지로 모였다. 바로 재정 부양이다. 그리고 그 조치는 이례적이었다. 애매한 조치로는 시장이 전혀 반응하지 않을 것으로 판단했기 때문이었다. 그들은 국채와 지방채 매입뿐만이 아니라 주택시장을 안정시키기 위한 모기지담보증권MBS, 회사채와 상업어음까지도 매입했다. 그야말로 전방위적인 지원이었다.

20세기 초 70억 달러에 불과했던 미국의 통화 공급량은 현재 21조 달러에 달한다. 예전보다 300배 더 많은 달러가 존재한다. 경제 성장으로 우리는 더 많은 달러를 벌게 되었지만, 그 가치는 예전과 다르다. 20세기 초 1달러로 가죽 신발 한 켤레나 여성의 실내복 한 벌을 살 수 있었지만, 지금은 가죽 신발 한 켤레를 구매하기 위해서는 1달러가 아니라 약 200달러가 필요하다. 이는 달러의 구매력이 얼마나 낮아졌는지를 보여준다. 중요한 점은 이 돈이 망해가는 나라의 화폐가 아닌 글로벌에서 가장 강력한 통화인 달러라는 것이다

이쯤에서 "우리가 진정 모아야 하는 돈은 무엇인가?"에 대해서 돌아보게 된다. 구매력이 유지되거나 올라가는 돈을 모아야 한다. 구매력이란 내가 보유한 이 통화로 바로 구입할 수 있는 상품이나 서비스의 크기를 의미한다. 구매력이 유지되는 돈이 좋은 돈이다. 우리가 알고 있는 구매력이 유지되는 대표적인 자산은 '금'이다. 5,000년 동안 유지된 신뢰, 그리고 채굴 비용이 들어 쉽게 얻을 수 없다는 자산의 특징은 구매력이 유지되는 중요한 요건이다.

흔히들 비트코인을 '인플레이션 헤지 수단'이라고 많이 설명한다. 인플레이션 헤지 수단이란, 인플레이션 환경에서 구매력이 하락하는 자산과 달리 평소 구매력을 유지하거나 더 상승시켜주는 자산을 의미한다. 즉, 이런 인플레이션 헤지 수단으로 손꼽히는 비트코인은 장기적으로 구매력을 가장 잘 지켜주는 자산인 것이다.

물론 단기적으로 비트코인보다 더 큰 상승을 보이는 자산들이 많고, 알트코인도 그중 일부에 포함된다. 그러나 장기적으로 비트코인만큼 구매력을 안정적으로 유지하는 자산은 거의 없다. 데이터가 이를 증명하고 있다. 이것이 단순한 우연일까? 그렇지 않다. 비트코인의 희소성은 이 자산이 구매력을 가장 잘 유지하는 자산으로 만들고 있다. 현재 매년 새롭게 발행되는 비트코인은 기존 발행량의 약 1%에 불과하고, 이는 금의 연간 채굴 비율인 2%보다 낮다. 더욱이, 4년 후에는 이 비율이 0.5%로 줄어들게 된다. 이것을 '반감기'라고 부른다. 비트코인은 '반감기'라는 프로토콜 덕분에 4년마다 신규 발행되는 수량이 절반으로 줄어들며, 그 결과로 글로벌 자산 중 가장 희소하게 설계된 자산으로 평가

받는다.

1971년 8월15일 닉슨 대통령은 달러의 금태환 정지를 선언했다. 이로 인해 달러의 가치는 더 이상 금에 의해 보장되지 않게 되었다. 이후 달러는 금 대비 98.16%만큼 구매력을 상실했다. 이러한 달러가 글로벌에서 가장 강력한 통화라는 사실을 부정하는 사람은 없을 것이다.

2010년 이후 주요 국가별 통화가 달러 대비 얼마나 가치를 잃어갔는지 살펴보자. 남미의 아르헨티나 페소는 달러 대비 99.58% 하락했다. 브라질 레알화는 67.5% 하락했고, 유럽의 튀르키예 리라화는 95.42% 하락했다. 러시아 루블화는 66.84% 하락했으며, 아시아의 일본 엔화는 41.14%, 인도의 루피화는 44.47% 하락했다. 상대적으로 많이 하락한 주요 국가의 통화를 가져왔지만, 다른 국가들 역시 달러 대비 30%에서 99%까지 통화가치 하락을 경험했다.

"통화가치는 눈에 보이지 않지만, 우리의 일상과 경제에 깊숙이 영향을 미칩니다."

노벨 경제학상 수상자인 밀턴 프리드먼의 말이다. 우리는 끊임없이 자산 투자를 통해 부를 증식해야만 그나마 자신의 부를 유지할 수 있는 시대에 살고 있다. 명목화폐를 꾸준히 저축하는 것만으로는 답이 없다.

달러가 강력한 통화로 남아 있는 동안에도, 인플레이션과 통화가치 하락은 지속되고 있다. 이러한 상황에서 우리는 어떻게 해야 할까?

금본위제 중단 이후 미국 달러 vs 금 : -98.16% 하락

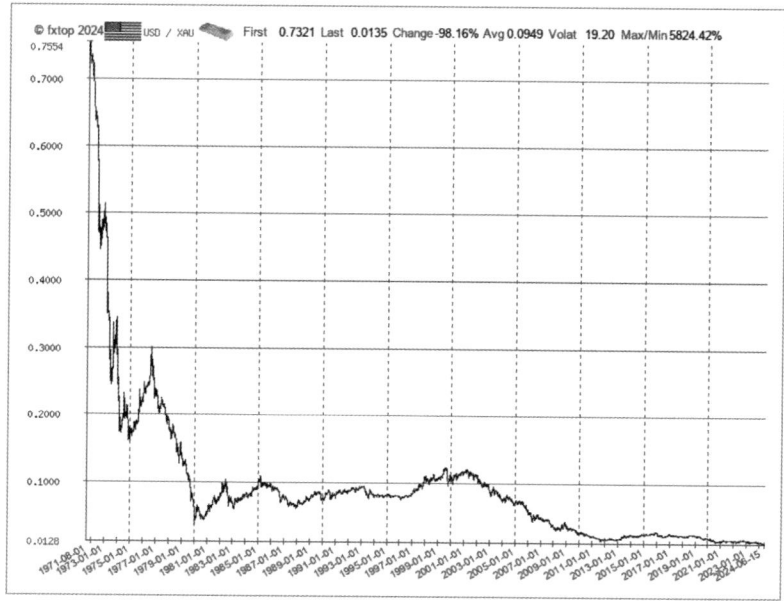

아르헨티나 페소 vs 미국 달러 : -99.58% 하락

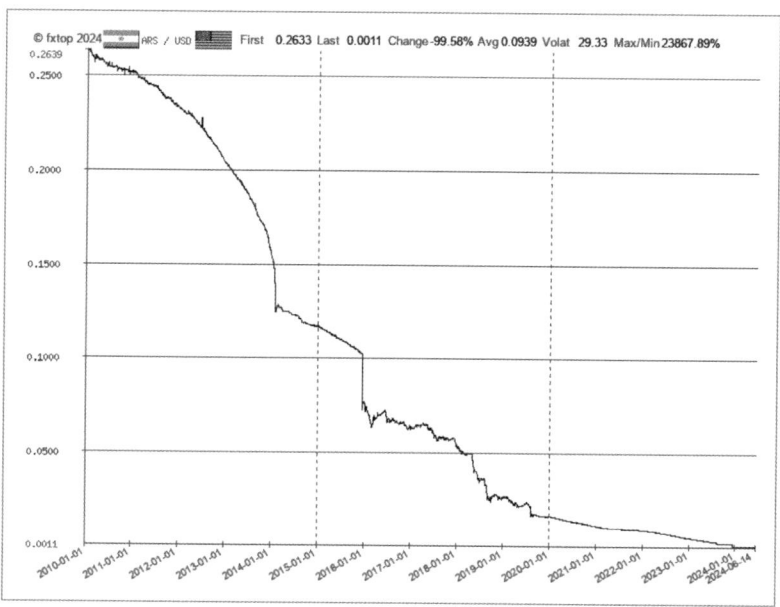

브라질 레알 vs 미국 달러 : −67.5% 하락

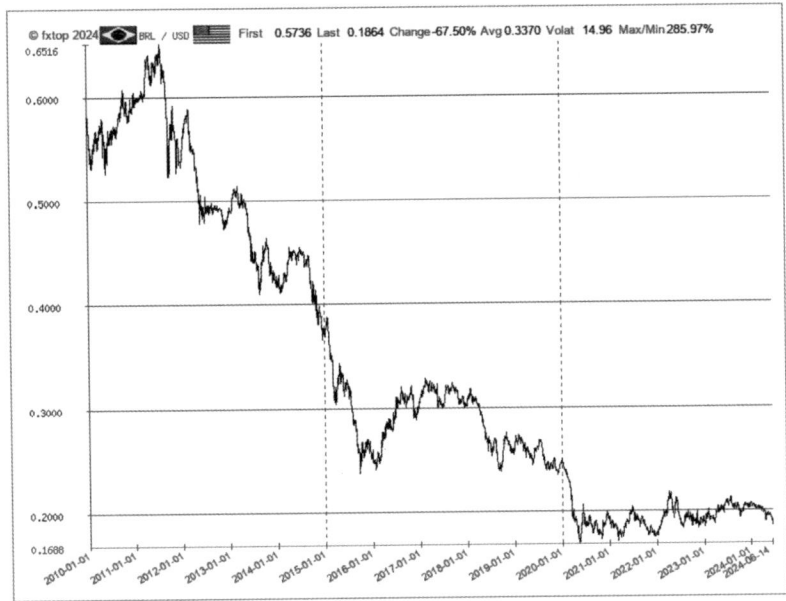

튀르키에 리라 vs 미국 달러 : −95.42% 하락

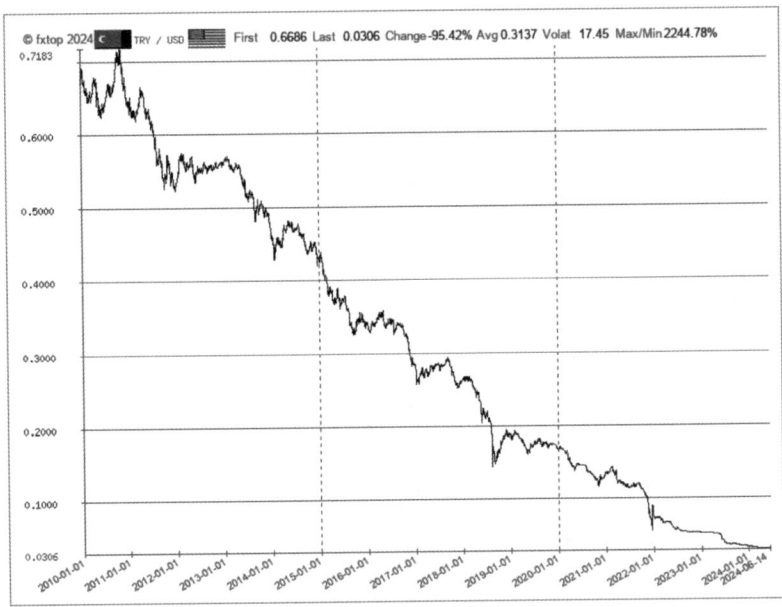

인도 루피 vs 미국 달러 : −44.47% 하락

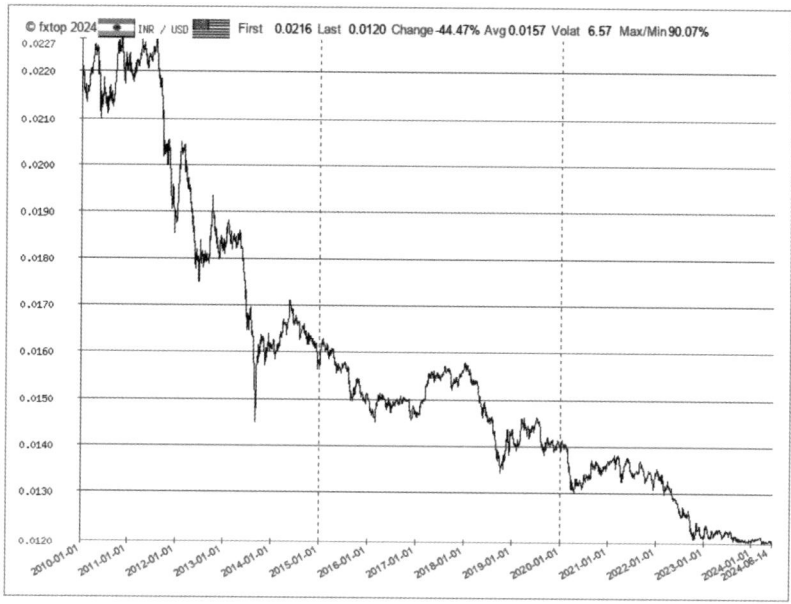

일본 엔 vs 미국 달러 : −41.14% 하락

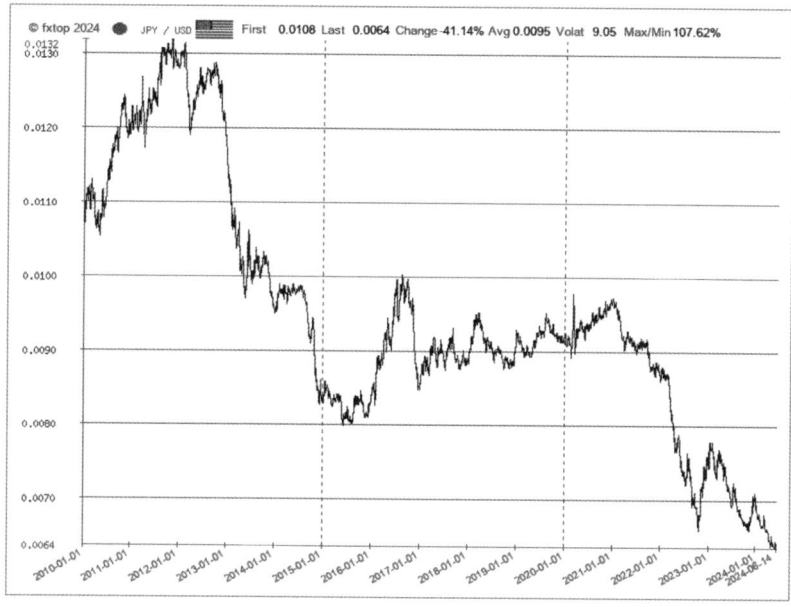

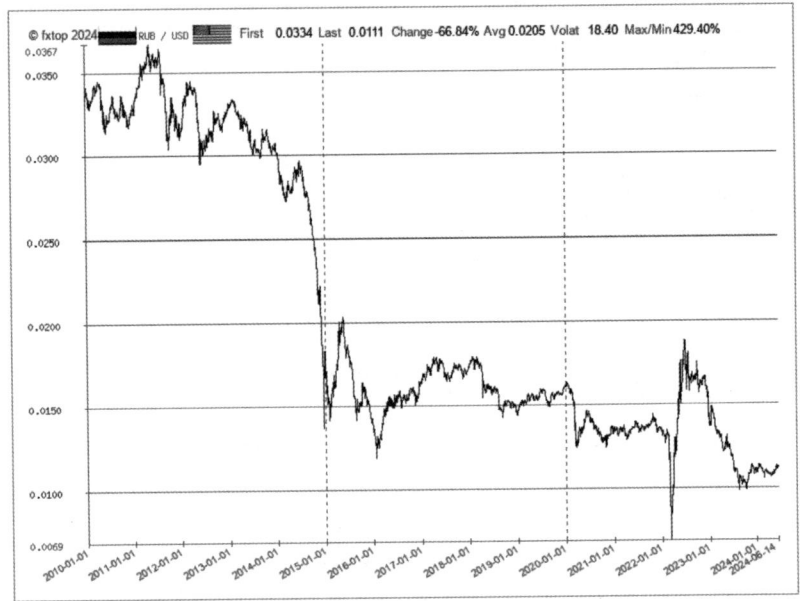

03

**우리나라의
세대별 자산 형성
경로의 변화**

세대별로 자산 형성 과정은 다르다. 자본주의 시대가 본격적으로 도래하면서 부를 만들어낸 세대가 등장했고, 그들은 시기별로 각기 다른 자산을 축적했다. 그것이 세대별 부를 이룬 방법의 차이로 나타났다.

세대별 자산 형성 경로

	1980년 "2030세대"		2000년 "2030세대"		2020년 "2030세대"	
부동산	임금 저축만으로 부동산 소유 • 강남 아파트 30평 기준으로 ~2,300만원 • 대기업 과장 연봉 400~500만원	2위	매매 시장 활성화 및 가격 상승 지속으로, 주요 투자 수단으로 등극 • 임금 저축 & 대출 기반 취득 가능 • '00년대 서울 부동산 매매가 연 10% 성장	1위	사실상 투자 수단으로 고려 어려움 • ~4년간 서울 아파트가격 93% 상승 • 대기업 과장 연봉 ~6000만원, 서울 부동산 평균 매매가 ~10억 수준	제외
임금	소득격차 낮아 양질의 일자리 多 은행 적금 통한 목돈 마련 가능 • 상금 10% 소득 비중 25~30% • 은행 적금 이자 15~20%	1위	비정규직/정규직 양분화로 소득격차 증가, 임금 축적 가치는 잔존 • 상위 10% 소득 비중 ~35% • 은행 적금 이자 5~8%	2위	소득격차 증가 및 축적 포텐셜 低 • 상위 10% 소득 비중 ~43% • 은행 적금 이자 1~2%	2위
주식	시장이 작아, 주요 투자수단 제외 • 상장회사수 300~400개 • 주식투자 인구 ~70만명 (전체 인구의 ~2% 수준)	제외	시장 확대로, 주요 투자수단 성장 • 상장회사수 1,300~1,400개 • 주식투자 인구 ~400만 명 (전체 인구의 ~9% 수준)	3위	변동성 높은 高리스크 투자수단, 시장 급성장 기반, 주요 투자처 등극 • 상장회사수 2,200~2,300개 • 주식투자 인구 ~920만 명 (전체의 ~18%)	1위

출처 : 보스턴 컨설팅 그룹

2022년 발표한 세대별 자산 형성 경로에 따르면 1980년대의 2030세대는 주로 임금으로 받은 돈을 적금하여 자산을 축적했다. 은행 적금 이자만 15~20%에 달하던 때였다. 고금리의 예·적금 상품을 활용해 종잣돈을 마련하고 부동산을 구매하여 부의 기반을 형성한 시기였다.

2000년대에 접어들고 2030세대의 자산 형성의 1순위 경로는 부동산이 되었다. 과거만큼 임금에 의존할 수 없게 되었고, 당시 서울 부동산 매매가는 연 10% 성장을 일구던 시기였다. 주식 시장은 성숙하기 전이었고, 주식을 하면 패가망신한다는 소리를 부모님께 많이 들었던 때였다. 간혹 주식으로 많은 돈을 버는 사람이 나왔지만, 여전히 주식은 아주 위험한 자산으로 치부되었다.

물론, 그때도 여전히 많은 2030세대들이 임금의 일부를 적금해 자산을 늘리고 있었다. 아마도 부모 세대의 영향이 있었을 거라고 추측해 본다. 사람들은 자신에게 성공적이었던 투자 방법을 아래 세대로 이어주기 마련이다. 1980년대 임금을 통한 고금리의 은행 적금으로 자산을 축적했던 당시의 부모 세대에게는 그것이 돈을 모으는 데 가장 안정적인 방법이었을 것이다. 자녀들에게도 자신들의 성공 공식이었던 은행 적금을 권해 재산을 축적하도록 했을 가능성이 높다. 필자 역시 2000년에 대학 입학을 한 세대로 위에서 말한 케이스와 별반 다르지 않다. 하지만 시간을 되돌릴 수 있다면 자산을 형성하기 위해서 다소 대출을 받더라도 부동산을 구매했을 것이다. 그때는 그래야 하는 시기다.

반면 2020년대 2030세대의 자산 형성 1순위는 주식이다. 최근 5년 (2024년 6월 기준) 코스피는 35%, S&P500은 75%, 애플 주식은 360%, 삼성 주식은 89%, 테슬라는 무려 297% 상승했다. 이 데이터는 위 주장을 뒷받침한다. 더불어 우리나라의 주식 투자 인구도 2018년 581만 명에서 2022년 12월 결산일 기준으로 1,441만 명으로 약 148% 늘어났다. 예전과 달리 주식 시장은 많이 성숙해졌다. 이 시기 주식과 자본 시장에 대한 이해를 가지고 우량주에 잘 투자했다면 위의 수익률과 같은 좋은 결과를 얻었을 것이다.

그러나 앞선 세대가 그러했듯이 현재의 부모 세대는 그들이 부를 일구었던 방식인 '집 한 채는 가지고 있어야지!'라는 생각을 떨쳐내지 못했다. 그래서 현재에도 부동산 보유에 대해 늘 강조한다. 하지만 오늘날 MZ세대로 불리는 그들은 임금을 활용한 저축과 주식만으로 일정 수준의 자산을 모아 부동산을 구매할 만한 종잣돈을 마련하기 어렵다.

서울시의 평균 부동산 매매 가격은 10억 수준이다. 지난 4~5년간 무려 93% 상승을 했다. 이미 많이 올라버린 부동산을 무리하게 보유하기 위한 시도는 큰 금액의 대출로 이어지고, 이러한 이자 부담은 2030세대의 현금 흐름을 더욱 힘들게 하는 결과를 낳았다. 결국 부동산으로 자산을 형성하고 확장할 수 있는 사람은 소수가 되었고 과거와는 다른 새로운 성공 공식이 필요한 시기가 도래했다.

그 새로운 대안은 디지털 자산이다. 글로벌 서베이 데이터 분석 회사인 유고브YouGov는 북미, 남미, 유럽, 아프리카, 아시아의 18세에서 65세 사이의 고객 15,158명을 대상으로 설문조사를 진행했다. '글로벌 암호화폐 및 웹3 설문조사Global survey on crypto and web3' 자료에 따르면 전 세계 고객들은 디지털 자산을 '돈의 미래'와 '기존 금융 시스템에 대한 대안'으로 가장 높게 평가했다. 뿐만 아니라 CNBC 조사에 의하면 MZ세대의 87%가 디지털 자산을 앞으로 더 보유하거나 유지하겠다고 답했다.

시대가 변하면서 돈의 개념도 바뀌고 있다. 이는 개별 국가에 국한된 이야기가 아니라 전세계적인 흐름이고 물결이다. 이러한 흐름 속에서 디지털 자산을 어떻게 잘 투자하고 저축해야 하는지에 대한 이해는 필수이다. 이 책을 통해 디지털자산 투자와 저축에 대한 날카로운 통찰을 얻기 바란다.

디지털 자산에 대한 인식

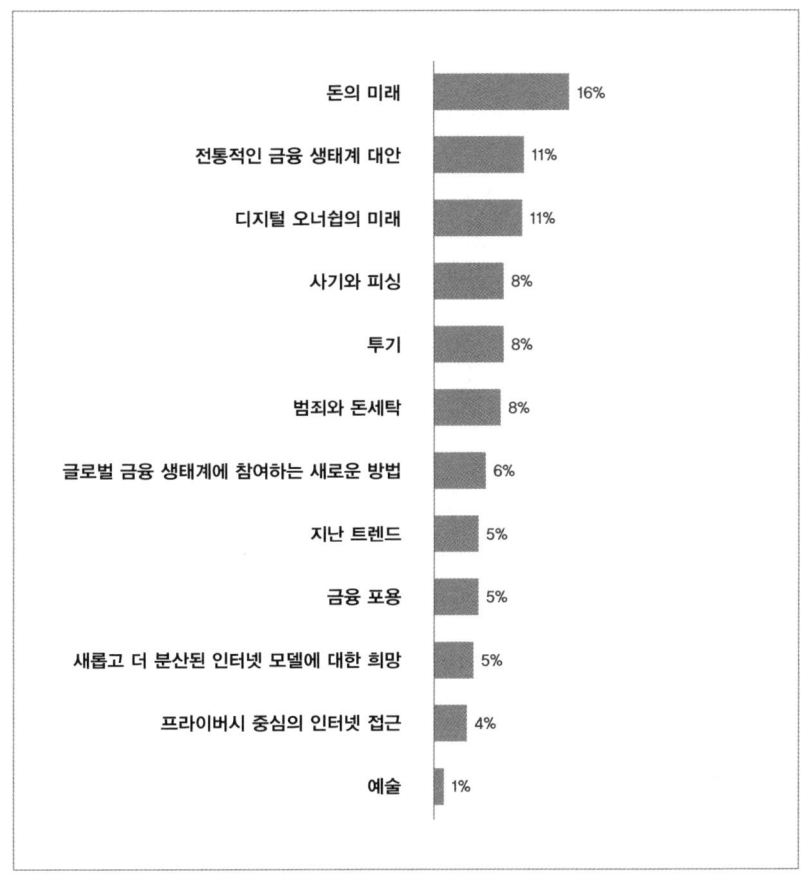

출처 : Consensys-Global-Report-on-Crypto-and-Web3

04

디지털 시대, 저축의 대상이 바뀐다

필자는 앞으로 우리가 모아야 하는 저축의 대상이 바뀔 수밖에 없다고 본다. 필자가 어렸을 때를 떠올려보면, 저축은 매우 중요한 습관이라고 교육받았다. 첫 사회생활을 하며 급여가 들어올 때 매월 40~50만 원을 적금으로 넣었던 기억이 생생하다. 그렇게 5년간 적금을 열심히 모으고, 가끔 목돈이 생길 때 추가로 더 적금하면 대략 5,000만 원 정도의 종잣돈이 생긴다. 여기에 5,000만 원 정도를 추가로 대출을 받으면 전셋집을 얻을 수 있었다. 그리고 몇 년을 더 모으고 1억을 만든 후 비슷한 금액을 추가 대출 받으면 4인 가족이 살 수 있는 집을 살 수 있었다. 돈을 저축하는 것만으로도 미래에 대한 대략의 계획은 세울 수 있었던 것이다.

하지만 지금은 적금만으로 내 집 마련을 한다는 것이 사실상 불가능하다. 계산을 해보자. 2024년 기준 서울의 평균 집 가격은 10억이다. 그리고 직장인의 평균 연봉은 4,000만 원이다. 급여를 받아서 한 푼도 쓰지 않고 모은다면 서울의 집 한 채를 구매하는데 약 25년이 소요된다. 물론 그 사이 집 가격은 다시 몇 배로 더 올라갈 것이기 때문에 어쩌면 영원히 내 집을 살 수 없을 지도 모른다.

사람들은 자신들이 집을 사지 못하는 이유로 그저 집값이 올라서라고 생각한다. 하지만 그렇지 않다. 사실은 그 집의 가치를 측정하는 단위인 화폐의 가치가 하락한 것이다. 시간이 흘러서 그것을 조금씩 알아차린 사람들은 이제 적금이 아니라 장기 투자할 수 있는 주식을 사 모으기 시작했다. 그것이 더 스마트하게 돈을 모으는 방법이고 또 노후를 대비할 방책이라고 생각한 것이다. 그 외에도 사람들은 부동산에만 국한

하지 않고 각자 다양한 자산을 모아간다. 어떤 자산을 모으는 게 옳았는지는 10~15년 뒤 알게 될 거다.

장기간 모아야 하는 자산의 가장 중요한 기준이 있다. 시간이 지나도 구매력이 떨어지지 않아야 한다. 그 기준에 맞는 것이 과연 금일까? 달러일까? 아니면 우리나라 돈일까? 부동산일까? 또는 비트코인일까? 시간이 지나서 후회하면 소용없으니, 우리는 이 책을 통해서 우리가 어떤 자산을 장기적으로 모아야 하는지를 반드시 생각해 보아야 한다.

저축은 여전히 건전한 것이다. 다만 보통 사람들에게 너무나 중요한 문제는 저축 그 자체 보다 '무엇을 저축하느냐'다. 화폐 가치가 하락하면 미래를 위해 저축해야 할 이유가 없어진다. 저축을 해서 돈을 꼬박꼬박 모으는 금액보다 그 화폐의 구매력이 감소하는 속도가 더 크기 때문이다. 즉, 저축을 해서 돈을 모았지만 결국은 모은 게 아니라 돈을 잃은 것이 된다.

이를 우리는 한참 동안 깨닫지 못했다. 1971년 이전까지 화폐는 금과 교환 가치가 있었다. 때문에 국가가 화폐를 발행하려면 금을 더 축적해야 했다. 하지만 닉슨 쇼크라 불리는 달러의 금태환이 중지되면서 1971년 이후에는 국가의 금 보유량과 상관없이 화폐를 발행해야만 했다.

화폐는 경제 지표에 따라 경기가 위축되지 않도록 중앙은행이 관리를 하는 것처럼 보였지만 실상은 그렇지 않았다. 화폐가 금과의 연동을 탈피하자 이는 국유화된 것이나 다름없었다. 정치인들은 재선이 되는 것에만 관심을 쏟았다. 정치가가 단기적인 관점에서 의사 결정을 하여 화폐를 남용하고 재선을 위한 자금으로 활용한 그 비용은 미래 세대에게 떠넘겨졌다.

새로운 저축의 대상, 비트코인

디지털 시대 떠오르는 저축의 대상으로 손꼽을 수 있는 대표적인 자산은 '비트코인'이다. 아니, 조금 더 과감히 말하자면 비트코인은 유일한 저축의 대상일지도 모른다. 장기적으로 구매력을 보존할 수 있고, 가치 저장의 역할을 수행할 수 있는 자산만이 진정한 저축의 대상이 될 수 있기 때문이다. 혹자는 이렇게 묻는다.

"가치 저장의 역할을 금이 이미 충분히 수행하는데, 비트코인이 꼭 필요할까? 비트코인은 금과 뭐가 다른가?"

비트코인과 금은 분명 다른 점이 있다. 비트코인은 금과 달리 전세계를 대상으로 P2P peer to peer 거래가 가능하다. 비트코인이 세상에 등장하기 이전에는 우리가 송금을 하려면 반드시 은행과 같은 중앙화된 중개인을 거쳐야만 했다. 그들의 장부에 거래 내역을 기록하고 관리했다. 그런데 비트코인을 만든 사토시 나카모토는 최초로 중개인 없는 글로벌 P2P 돈을 만들어냈다. 이는 세상이 작동하는 방식을 바꾸는 첫 단추였다. 글로벌 금융 시스템의 측면에서 깊게 고민해 봐야할 의미가 있는 부분이다.

이러한 특징이 네트워크로서의 비트코인을 가능하게 한다. 네트워크로서의 비트코인이 가능한 이유는 비트코인의 가장 본질적인 특징인

'검열저항성' 때문이다. 검열저항성이란 네트워크상에서 어떤 권한을 가진 기관이 특정 거래를 차단하거나 조작할 수 없다는 것을 의미한다. 예를 들어 내가 보유한 비트코인을 아프리카에 있는 폴에게 전송한다고 할 때 어떤 통제나, 검열을 받지 않고 거래의 종결성을 지닌다는 것이다.

지금 우리가 소유하고 있는 대부분의 자산은 신뢰도가 높은 기관에 의해 수탁되어 있다. 대표적으로 은행이 그렇다. 즉 은행에서 나의 거래를 중지시킬 수도 있고, 내가 보유한 자산을 동결시킬 수도 있다. 이는 보통의 평범한 일상에서는 오히려 사용자들에게 편리함을 제공한다. 하지만 이는 평범한 일상이 계속될 때를 전제로 한다. 만약 여러분이 러시아가 침공한 우크라이나에 있다면, 또는 탈레반이 점령한 아프가니스탄에 있다면 어떻겠는가? 온전하게 내가 소유할 수 있는 자산 그리고 온전히 가치를 이전할 수 있는 검열저항성은 매우 중요한 요소가 된다.

즉 이러한 검열저항성을 가지기 위해 비트코인은 블록체인 기술을 활용한다. 여기서 특정 주체를 신뢰하지 않는 '탈중앙화'의 개념도 등장한다. 특정 주체에 신뢰를 의존하지 않고도, 나의 가치를 전세계 누구에게나 이전할 수 있는 것은 비트코인의 가장 본질적인 특징이기도 하다.

우리가 한국이란 나라에서 태어나서 자라고 있기 때문에 사실 검열저항성을 가진 네트워크로의 비트코인에 대한 중요성을 크게 느끼기 어려울 수 있다. 전쟁이 끝난 것이 아니라 아직 휴전 중인 북한이 존재함에도 불구하고 우리는 제대로 인지하지 못한다. 하지만 결국 가장 중요한 것은 검열저항성을 가진 비트코인이 결국 나의 자산을 지켜줄 것이라는 점이다.

이와는 다르게 우리가 살아가는 내내 중요하게 느낄 수 있는 전통적인 자산의 가치는 계속 하락한다. 대표적으로 명목 화폐다. 달러의 가치는 1971년 금본위제가 중단된 이후 약 99.8%정도 가치가 하락했다. 대한민국의 돈인 원화는 달러에 비해서 지난 15년간 약 40% 하락했다. 이를 두고 단순히 '물가가 올랐다'라는 말을 늘 입에 달고 사는데, 사실은 돈의 가치가 떨어진 것이다. 이럴 때 우리가 보유함으로써 구매력을 유지할 수 있는 비트코인의 자산적 특성은 지금 당장의 우리에게도 너무 중요하다. 비트코인은 분명 '가치 저장의 수단'이다.

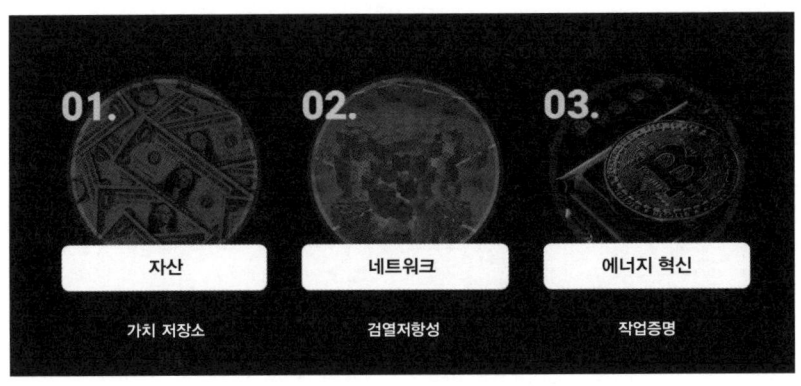

출처 : 비트세이빙

비트코인이 가치 저장의 수단으로써 금 보다 더 좋은 이유는 아주 심플하고 명확하다. 금보다 더 희소하기 때문이다. 금은 연간 2% 정도의 인플레이션을 갖는다. 이마저도 광산이 더 발견되거나 채굴 기술에 급격한 발전이 있을 때는 더 늘어날 수도 있다. 하지만 비트코인은 반감기로 인해 4년에 한 번씩 공급량이 절반으로 줄어든다. 현재 비트코인은 1% 수준으로 연간 공급된다. 이것도 금의 절반인데 4년 뒤엔 여기서 다시 절반이 줄어들어 0.5%가 될 것이다.

가장 많은 사람들이 알고 있는 가장 희소한 자산이라는 점이 비트코인을 최고의 가치 저장 수단으로 이끌고 있다.

PART 2.

새로운 자산이 등장했다 : 비트코인

01

신뢰를 줄 수 있는 장부를 어떻게 만들 것인가

부절 막대기

▶ 부절 막대기는 12세기에서 19세기 초반까지 영국 왕실 재무부에서 세금과 부채를 기록하는 데 널리 사용되었다.

부절 막대기는 보통 단단한 버드나무나 개암나무로 만들어진 것으로 알려져 있다. 적당한 크기의 길쭉한 나무 막대기를 반으로 쪼개서 두 개의 부절을 만든다. 각각의 부절에는 거래와 관련된 정보인 금액, 날짜, 거래 당사자 등을 새긴 후 이를 하나씩 나눠 갖는다. 예를 들어서 세금 납부와 같은 거래가 있을 경우에 세금을 납부한 사람과 세금을 징수한 사람이 각각 하나의 부절을 갖게 되는 것이다. 거래 내용을 확인할 때 두 개의 부절을 맞춰보면 서로 일치해야 신뢰할 수 있는 기록으로 인정되었다.

그 시절 사람들은 세금과 부채를 왜 저런 막대기에다가 기록했을까? 단순 정보가 아니라 돈이 오가는 거래에 대한 기록, 즉 장부는 거래 기록에 대한 신뢰가 매우 중요하다. 기록하는 주체의 신뢰도 있어야 하고, 기록과 보관하는 방법에 있어서도 거래 기록이 훼손되지 않는다는 믿음이 있어야 한다. 중세 시대 영국에서는 이러한 장부 기록에 대한 중요성을 감안할 때 부절 막대기를 활용하는 것이 매우 효과적이라고 판단했던 것 같다.

부절 막대기는 두 가지에 있어서 신뢰성을 보장하는 장점이 있다. 첫 번째는 위조 방지다. 나무를 쪼개어서 만든 두 부절은 나뭇결이나 쪼개진 모양 때문에 서로 완벽히 일치하는 것이 특징이다. 그래서 한쪽 부절을 위조하거나 조작하기가 거의 불가능했다. 두 번째는 거래의 증거를 인증하는 편리한 방법이었다. 각각의 부절을 보유한 당사자들은 자신이 거래에 참여했다는 증거를 보유할 수 있었다. 서로 부절을 맞춰보는 과정을 통해서 거래의 진위를 확인 할 수도 있어서 부정행위나 논쟁이 발생할 가능성을 많이 줄여주었다.

부절 막대기 거래를 위한 2차 시장이 만들어지다

한 가지 흥미로운 점은 부절 막대기가 단순히 세금 징수나 신용 거래를 위한 기록뿐만 아니라 정부가 자금을 조달하기 위한 채권 발행 수단으로도 사용되었다는 것이다. 발행 과정을 살펴보면 정부는 자금이 필요할 때 부절 막대기를 발행해서 채권을 구매하고자 하는 이들에게 팔았다. 구매자는 이 부절 막대기를 소유하고 일정 기간 후에 정부로부터 원금과 이자를 받는 권리를 가지게 되었다.

12세기부터 19세기까지 부절 막대기는 정부의 재정 운영에서 중요한 역할을 했는데, 특히 군사적 충돌이나 대규모 건설 프로젝트 같은 큰 지출이 있을 때 부절 막대기를 통한 자금 조달을 활용했다. 이것이 가능했던 이유는 위조가 어렵고, 거래 당자사간의 신뢰를 높이는 특성을 가진 신뢰 도구였기 때문이다.

부절 막대기가 국채의 용도로 발행된 경우에 단순히 정부와 채권자 간의 거래로 끝나지는 않았다. 민간 시장에서도 활발한 2차 거래가 이루어졌다. 부절 막대기가 작고 휴대하기 쉬운 형태를 가지고 있었기 때문에 이를 소지한 사람은 다른 사람에게 쉽게 전달할 수 있었다. 채무관계가 적힌 부절 막대기는 현금과 유사한 역할을 했고 그것의 유동성 또한 높았다. 거래를 통해 다른 사람이 부절 막대기를 소유하게 되면 정부로부터 해당 부절에 명시된 금액을 받을 권리도 가지게 되었다.

여기서 우리는 여러 교훈을 얻을 수 있다. 당시 부절 막대기에 신뢰를 부여한 주체는 영국 정부였고, 그 신뢰가 온전히 유지되게 하는 도구가 부절 막대기였다. 그 도구가 가져야 하는 중요한 조건은 위변조가 어려워야 하는 것이다. 부절 막대기를 통한 금융 시스템이 무너지기 위해서는 두 가지의 조건이 있으면 된다. 영국 정부가 상환할 능력을 잃어버릴 만큼 국력이 쇠퇴하거나, 부절 막대기가 조작 가능하다는 것이 시장에 알려졌을 때다.

필자는 여기서 추가로 인상 깊게 보았던 지점이 있다. 부절 막대기가 2차 거래 시장에서 성공한 요인이다. 이는 정부가 부절 막대기 소유자에 상관없이 부절 막대기 자체를 인정하고 상환하는 원칙을 철저히 유지한 덕분이다. 이러한 소유자 불문 원칙은 부절 막대기를 안정적이고 신뢰할 수 있는 거래 수단으로 만든 주요한 역할을 했다. 혹여 부절 막대기를 부정한 방법으로 획득했다 하더라도, 또는 부절 막대기 소유자가 사회적으로 문제가 있다 하더라도 정부는 해당 부절에 명시된 원금과 이자를 부절 막대기 소유자에게 지급하는 정책을 유지했다는 것이다. 이러한 정책은 부절 막대기가 익명으로 거래될 수 있도록 해서 2차 시장에서의 유동성을 높이는 중요한 요소가 되었다.

부절 막대기는 단순한 기록의 수단을 넘어 거래와 채권의 매개체로 사용되었다. 그리고 이 신뢰할 수 있는 장부는 교환의 매개체로도 사용되며 돈의 기능도 했다. 부절 막대기 하나에서 우리는 많은 인사이트를 얻을 수 있었다.

영국은 오늘날에도 글로벌 금융 허브로써 역할을 하고 있다. 미국 외부, 특히 유럽에서 보유되거나 거래되는 미국의 달러 예금을 거래하는 시장인 유로달러 시장Eurodollar market의 중심이 영국이다. 영국이 비록 파운드화의 패권을 미국에게 내주었지만 글로벌 금융의 중요한 허브가 되는 이유와 철학을 중세 영국 시대의 부절 막대기를 활용한 금융시장을 만든 그 DNA에서 엿볼 수 있다고 생각한다.

메소포타미아 수메르 점토판 이야기

수메르 점토판

장부의 중요성은 서기 3,000년 전의 수메르 문명으로 거슬러 올라가도 발견할 수 있다. 메소포타미아 수메르 문명에서 만들어진 점토판이 바로 그것이다. 수메르인들은 젖은 점토에 갈대 펜으로 쐐기 문자를 새겨서 점토판을 만들었다. 이 점토판은 재산권, 소유권, 거래 기록, 법적 계약 등을 기록하는 데 사용되었다.

수메르 점토판과 부절 막대기의 공통점은 둘 다 장부라는 것이다. 앞서 설명했듯이 기본적으로 장부는 신뢰를 부여해야 한다. 부절 막대기에서 신뢰는 위조가 상당히 어렵다는 물리적 특성과 중세 영국이라는 국가에서 보장해주는 신뢰가 깊은 중앙화된 주체가 있었다는 점이다.

그렇다면 수메르 점토판에서는 그 신뢰를 어떻게 부여했을까? 첫째는 점토판의 물리적 특성이 중요하다. 점토판은 젖은 상태에서 기록한 후에 건조시키거나 가마에 구워서 단단하게 만든다. 즉, 한번 기록된 내용은 쉽게 변경이 어려운 특성이 있다. 이러한 특성은 점토판에 기록된 내용이 시간이 지나도 변하지 않는다는 신뢰성을 부여했다.

두 번째는 점토판을 작성하는 서기관의 권위이다. 그들은 '에두바 Edubba'라고 불리는 서기관학교에서 엄격하고 치열한 교육을 받아야 했다. 쐐기문자, 수학, 법률, 문학 등을 하루 종일 학교에 머물며 배웠다. 그뿐만이 아니라 점토판에 문자를 새기는 법을 배우기 위해 수년간 반복적인 연습을 거듭해야 했다. 에두바에서의 교육 과정은 이처럼 학생들에게 육체적, 정신적 도전을 요구했다. 실제로 많은 학생들이 중도에 포기해 높은 탈락률을 보였다.

이러한 과정을 통해서 살아남은 학생들만 진정한 서기관이 되었고 이들은 사회에서 엘리트로 인정받았다. 오늘날로 비유한다면 엘리트 중에 엘리트만이 서기관이 될 수 있었다. 그들의 높은 교육 수준과 전문성이 그들이 작성한 기록이 정확하고 신뢰할 수 있음을 보장했다. 오늘날 우리가 판사와 의사를 신뢰하는 이유는 직업적 특성 이전에 그들은 높은 경쟁을 뚫고 선발된 사회의 엘리트이기 때문일 것이다. 서기관은 그 위치에 있기까지 아주 높은 비용이 투입된 자원이다. 손쉽게 서기관이 될 수 있었다면 그들이 점토판에 기록하는 내용의 신뢰는 그들이 들였던 비용에 크기에 비례해서 줄어들었을 것이다.

인류역사에서 장부에 신뢰를 부여하기 위한 노력은 계속 되어 왔다. 이 책의 핵심주제인 비트코인의 본질은 '신뢰할 수 있는 장부'라는 점이다. 중세 영국의 부절 막대기는 물리적인 특성과 국가의 보증으로 신뢰를 얻었고, 수메르의 점토판은 교육받은 엘리트가 정밀하게 기록하면서 신뢰를 보장했다. 하지만 비트코인은 이런 전통적인 신뢰 구조와는 다른 접근 방식을 제시한다. 비트코인의 혁신은 바로 분산화된 장부 시스템에 기반하는데, 여기서 신뢰는 더 이상 중앙화된 기관이나 특정 권위에 의해 보증되는 것이 아니라 전세계에 분산된 수많은 참여자가 공동으로 장부를 검증하고 기록함으로써 유지가 된다.

이제 비트코인 네트워크의 작동 방식으로 돌아와 보자. 비트코인에서 거래 내역을 기록하는 주체, 즉 수메르 점토판에서 서기관의 역할과 같은 일을 하는 주체는 '채굴자'다. 채굴자는 비트코인 네트워크에 거래를 기록하기 위해 막대한 비용(전기, 채굴 장비 등)을 투입해야 한다. 비트코인은 아무나 데이터를 기록하게 하지 않으며, 오직 높은 비용을 투입한 자, 즉 채굴자가 기록할 수 있는 메커니즘을 채택하고 있다. 이 비용의 크기는 곧 그 데이터에 대한 신뢰의 크기를 의미한다. 채굴 과정에 투입되는 해시레이트Hashrate*를 통해 이러한 비용의 크기를 가늠할 수 있고, 이는 비트코인 네트워크에 기록된 정보의 신뢰성을 강화하는 요소로도 이해할 수 있다.

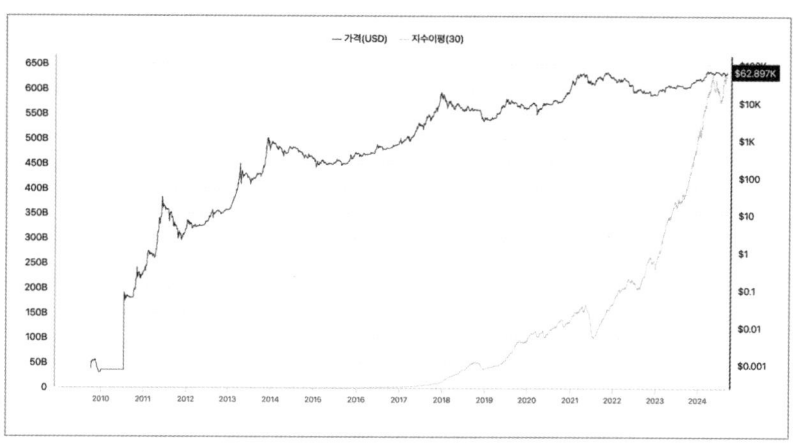

비트코인 해시레이트와 가격

출처 : 크립토퀀트

＊해시레이트(Hashrate) : 비트코인 채굴 장비가 1초에 얼마나 많은 해시값을 계산할 수 있는지를 나타내는 지표

02

새로운
자산 클래스의 등장 :
신뢰의 이동

레바논 시위

2023년 1월, 중동의 지중해 동부 해안에 위치한 국가인 레바논에서는 시민들이 은행을 습격하고 공격하는 시위가 벌어졌다. 같은 달, 레바논 정부는 은행 고객 자산의 부분 인출 제한을 발표했다. 은행 고객들은 매월 1,600달러 상당의 레바논 파운드LBP만 인출할 수 있었고, 달러의 인출은 완전히 중단되었다. 기존에는 8,000 레바논 파운드LBP로 1달러를 교환할 수 있었지만, 발표 이후 1달러를 교환하려면 15,000 레바논 파운드가 필요해졌다.

이로 인해 레바논 파운드로 자산을 보유하고 있던 국민들은 하루아침에 자산이 반토막 났고, 예금한 돈조차 제때 찾지 못하는 상황이 되었다. 현대 자본주의 경제의 중심에는 은행에 대한 신뢰가 존재한다. 그러나 레바논에서는 은행이 고객의 돈을 제때 인출하지 못하는 상황이 발생했다. 도대체 레바논에는 무슨 일이 있었던 걸까? 레바논 은행의 신뢰는 왜 무너졌을까?

레바논 은행의 신뢰는 왜 무너졌을까?

레바논의 결정적인 위기 신호는 2020년으로 거슬러 올라간다. 2020년 8월 4일 레바논의 수도 베이루트에서 발생한 대규모 폭발은 베이루트 항구에 저장된 대량의 질산암모늄(약 2,750만 톤)으로 인한 것이었다. 폭발의 강도가 어느 정도로 대단했냐면 TNT 약 1.1 킬로톤에 해당하는 위력으로 히로시마 원자 폭탄의 약 5%에 해당하는 수준이었다. 이것은 베이루트 시 전역에서 감지될 정도로 강력한 폭발이었다. 수많은 건물들이 파괴되었으며, 당시 최소 215명이 사망하고 6,500명 이상이 부상을 입었다. 더불어 약 30만 명 이상의 사람들이 집을 잃기도 했다.

이 폭발은 인명 피해뿐만 아니라 레바논 경제에도 심각한 영향을 미쳤다. 베이루트 항구는 당시 레바논 무역의 70~80%를 처리하는 주요 항구로써 레바논으로 들어오는 모든 종류의 수입품이 이곳을 통했다. 그런 항구가 폭발하면서 무역이 멈추자 생활용품 등의 공급이 원활치 않아 가격이 급등했다. 결정적으로 폭발의 원인인 질산암모늄이 창고에 장기간 보관된 이유가 관리 부실 및 정부의 부패 때문이라는 사실이 알려지면서 국민들의 대규모 시위로 이어지고 말았다. 그리고 이 사건으로 인해 그 당시 내각은 붕괴되었다.

레바논에서 은행에 대한 신뢰는 국가의 재정이 파탄 나고 붕괴하는 과정에서 함께 무너져갔다. 결정적으로 예금한 돈을 찾지 못하게 만드는 정책이 발표되자, 시민들은 은행과 중앙은행을 향해 화염병을 던지고 각종 시위의 타깃으로 삼았다.

우리는 흔히 은행을 절대적인 신뢰 대상으로 여긴다. 시중은행을 신뢰하는 이유는 중앙은행이 최종 대부자의 역할을 해주기 때문이다. 그리고 중앙은행을 신뢰하는 이유는 우리가 속한 이 국가가 망하지 않으리라는 믿음에 기반한다. 반대로 국가에 정치, 경제적인 위기가 생긴다면 굳건했던 신뢰는 반대 효과를 내며 이로 인해 우리의 자산은 한순간에 사라질 수 있다.

필자를 포함한 우리 세대는 어쩌면 미국이 주도한 글로벌 질서 속에서 국가간의 안정이 유지되었던 시기를 살아왔다. 하지만 인류 역사를 통틀어 볼 때 이러한 안정이 유지된 시대는 드물다. 사실 세계는 늘 전쟁과 갈등 속에 있었고 이러한 안정이 유지되는 것이 오히려 특별한 시기였을 수 있다. 앞으로의 시대는 이 안정이 계속될 것인가? 아니면 새로운 불안정의 시대로 돌아갈 것인가? 불안정의 시대로 돌아간다면 우리의 자산을 지키기 위해서 무엇이 필요할까?

국가, 은행에 대한 신뢰가 무너진 레바논의 상황을 단지 남의 나라 이야기로만 볼 수는 없다. 은행에 대한 신뢰가 무너진 지금, 레바논 국민들은 어떤 자산을 찾을지 곰곰이 생각해보자. 여러분들이라면 어떤 자산을 찾겠는가? 아무래도 이럴 때는 가장 신뢰할 수 있는 돈을 찾을 수밖에 없다. 국가와 은행이 보장하는 자산, 즉 등기된 자산이 아니라 직접 소유할 수 있는 자산을 원한다. 그리고 이러한 신뢰의 전환점이 생기는 시기는 늘 새로운 자산의 출현과 기회가 이어서 온다.

역사적인 신뢰의 이동

새로운 자산 클래스의 등장은 신뢰의 이동과 깊은 연관이 있다. 돈은 본질적으로 믿음이고, 그 믿음의 주체가 바뀔 때 새로운 자산 클래스가 등장하곤 한다. 이번에는 신뢰의 이동이 어떻게 현재의 탈중앙 네트워크의 핵심 자산인 비트코인으로 이어지는지를 살펴보고자 한다.

앞서 계속 설명했듯이 돈은 본질적으로 신뢰와 믿음에 바탕을 둔 사회적 계약이다. 역사적으로 신뢰를 제공하는 주체는 변화를 겪어왔다. 《신뢰 이동》의 저자 레이첼 보츠먼Rachel Botsman은 신뢰가 발전해 온 과정을 인간의 역사 속에서 세 가지 주요 시기로 구분한다. 첫 번째는 지역적 신뢰의 시대로, 사람들이 서로를 잘 아는 작은 공동체에서 형성된 신뢰가 주된 역할을 하던 시기다. 두 번째는 제도적 신뢰의 시대로, 신뢰가 계약, 법률, 상표 등의 형태로 체계화되어, 조직화된 산업사회로 발전하는 데 기반이 된 시기다. 이 시기는 중개인을 통한 신뢰의 시대라고도 할 수 있다. 세 번째는 분산적 신뢰의 시대로, 이는 현재 초기 단계에 접어든 시기다. 역사적으로 화폐 발행 권력이 이동할 때마다 새로운 자산 클래스가 등장하는 경향을 보였는데 이는 신뢰의 이동과도 밀접한 관계가 있었다. 주요 시대별로 살펴보자.

고대 문명에서 신뢰의 중심은 주로 부족이나 종교 지도자들에게 있었다. 이들은 금이나 은과 같은 귀금속을 화폐로 사용하고 그 가치를 보증했다. 금과 은은 이 시기에 중요한 자산 클래스로 자리를 잡았는데,

화폐 자체로도 사용되었을 뿐만 아니라 부의 저장 수단으로도 역할을 했다. 그 가치는 현재까지도 이어져, 금과 은은 현대의 금융 시스템에서도 중요한 자산으로 인정받고 있다.

중세 봉건 시대에서는 신뢰의 중심에 왕실과 교회가 있었고 봉건 제도를 기반으로 한 사회였다. 이 시기에는 토지 소유권이 중요한 경제적 가치로 자리 잡았다. 토지는 부와 권력의 상징이었고 봉건 사회의 경제 구조를 지배했다. 이는 부동산이 중요한 자산 클래스로 자리 잡게 만드는 기반을 만들기도 했다.

근대로 넘어오면서 신뢰의 중심은 중앙 정부와 국가로 이동했다. 이는 중앙은행이 화폐 발행 권력을 가지는 것으로 이어진다. 그리고 산업혁명과 함께 자본주의 경제가 발전하면서 새로운 형태의 자산 클래스가 등장한다. 주식과 채권이 바로 그것이다. 주식은 기업의 소유권을 분할한 것이고, 채권은 정부나 기업이 자금을 조달하기 위해 발행한 부채 증서다. 이들은 자본시장에서 거래되며 근대 경제 구조에서 필수적인 자산으로 자리 잡게 되었다.

이러한 신뢰의 이동은 오랜 기간 이어져 왔다. 하지만 이러한 중앙화된 신뢰 체계는 2008년 금융 위기 이후 균열이 생기기 시작하면서 의문을 불러일으켰다. 앞서 말했던 《신뢰 이동》의 저자 레이첼 보츠먼은 이어지는 신뢰의 시대를 '분산적 신뢰의 시대'로 정의한다. 이는 특정 기관이나 정부가 아닌, 네트워크 참여자 모두에 의해 신뢰가 유지되는 시스템이다. 탈중앙화된 네트워크는 인류 역사에서 이어져오고 있는 신뢰의 이동이라는 큰 흐름 속에 자리 잡고 있다. 그 중심에는 블록체인 기술과 비트코인의 등장이 있다.

　이 신뢰의 이동 시기에 등장한 새로운 자산 클래스가 바로 디지털 자산이다. 비트코인과 암호화폐, 디지털자산, 스마트 계약 등은 모두 탈중앙적인 신뢰 시스템을 기반으로 하며 이는 기존 금융자산과는 다른 방식으로 경제적 가치를 지닌다.

03

비트코인은 2008년 이전에 이미 만들어졌다

놀랍게도 비트코인은 2008년에 갑자기 세상에 등장한 것이 아니다. 우리가 생각했던 것보다 훨씬 이전부터 비트코인은 존재했다. 다만, '비트코인의 창시자'라고 불리는 사토시 나카모토Satoshi Nakamoto가 2008년에 비트코인을 발견하고 꺼낸 것이다. 마치, 알라딘이 오래된 요술 램프에서 깊이 잠들어 있던 지니를 부른 것처럼.

만약 1974년에 인터넷이 발명되지 않았다면 비트코인은 시작도 할 수 없었을 것이다. 1985년에 나온 타원 곡선 암호는 비트코인의 암호화 핵심 알고리즘이 되었으며, 1998년 세상에 등장한 'B-머니' 또한 비트코인의 작업 증명 방식이 되어 단단한 토대가 되었다.

이처럼 인류는 여러 기술을 발전시키며 점점 더 비트코인에 가까워져 왔다. 그동안 인류가 만들어낸 기술 중 디지털 화폐를 개발한 것은 총 6가지 정도라고 할 수 있다. 1982년 데이비드 차움의 'E-캐시', 1996년 더글라스 잭슨과 베리 다우니의 'E-골드', 1997년 아담백의 '해시캐시', 1998년 닉 자보의 '비트골드', 1998년 웨이다의 'B-머니', 2004년 할 피니의 '재사용 가능한 작업증명'이 그 주인공이다.

하지만 몇몇 결함으로 인해 모두 상용화에 실패하였다. 이들에게는 명확한 공통점이 존재했다. 바로 중앙기관 또는 중앙소유권의 실존이 그것이다.

사토시 나카모토는 앞선 6개의 디지털 화폐가 실패한 부분을 교훈삼아, 중앙기관(신뢰받는 제3자)을 없애는 걸 최대의 목표로 디지털 화폐를 만들었다. 그리고 그 결과 현재의 비트코인이 탄생했다.

비트코인, 누가 만들었나?

앞서 언급했듯 비트코인은 '사토시 나카모토'라는 익명의 사람이 만들었다. 정확한 신원이 밝혀지지 않았기 때문에 몇몇 이들은 사토시 나카모토가 한 사람이 아니라 단체일지도 모른다고 추측하기도 한다.

사토시 나카모토는 2008년 10월에 '비트코인 : P2P 전자 화폐 시스템Bitcoin : A Peer To Peer Electronic Cash System'이라는 백서White Paper 9장을 공개했다. 그리고 그 이듬해 2009년 1월에는 본격적으로 비트코인을 탄생시키며 세간의 큰 주목을 받았다.

그렇다면 과연 비트코인의 창시자라고 하는 사토시 나카모토의 진짜 정체는 무엇일까? 많은 사람들이 다양한 인물들로 그 정체를 추측하고 있는데, 그중에서 대표적으로 거론되는 이들은 총 10명(단체 포함)이다. 하지만 이 10명의 인물 또는 단체도 그저 예측 후보일 뿐이다. 현재까지 누가 사토시 나카모토인지 아무도 알지 못한다.

1. CIA*

사토시 나카모토의 정체로 CIA를 추측하게 된 이유 중 하나는 비트코인 암호에 있다. 비트코인은 암호 해시함수로 'SHA-256(공동인증서에도 사용되는 함수)'을 사용하는데, 이를 CIA가 만들었다는 말이 있기 때문이다. 하지만 사실 SHA-256 해시함수는 CIA가 아닌 NSA*에서

---

*CIA : 세계 최고의 정보기구이자 미국 대통령 직속 국가정보기관. 국제적 정보 수집과 특수공작을 담당한다.
*NSA : 미국 국방부 소속 정보기관 중 하나로 암호정보와 통신정보 및 보안을 책임지고 있다.

만들었다.

두 번째 이유는 바로 윌리엄 번스William Burns CIA 국장이다. 그는 사람들 앞에서 가상 자산을 활용한 몇 가지 프로젝트를 시작했다고 설명한 적이 있는데, 이게 비트코인이 아니냐는 말이 퍼져나간 것이다. 하지만 이 또한 사토시 나카모토가 CIA라는데 정확한 근거가 될 수는 없다.

사람들이 CIA를 주목하는 세 번째 이유는 사토시 나카모토의 이름이다. 그의 이름 중 '사토시'를 일본어로 풀어보면 지혜, 혜안, 정보로 해석할 수 있고, '나카모토'는 기원, 중앙, 국가로 정의할 수 있다. 이 둘을 합치면 중앙정보국, 즉 CIA가 된다는 이유로 사람들의 의심은 더욱더 커져만 갔다.

마지막으로 또 하나의 추측이 있는데, 사토시 나카모토와 같이 개발했던 개발자인 개빈 안드라센Gavin Andresen이 2011년 CIA에 방문한 사건이 바로 그것이다. 그가 CIA에서 강연을 한 후 사토시 나카모토가 그 종적을 감추었는데, 이로 인해 개빈 안드라센과 CIA 사이에 모종의 연관이 있는 것이 아니냐는 의혹이 불거졌다.

하지만 앞서 설명했듯이 이 모든 이유는 사토시 나카모토가 CIA라는데 정확한 근거가 될 수는 없다.

2. 할 피니Hal Finney

사토시 나카모토가 채굴한 비트코인을 최초로 전송받은 사람이자 사토시 나카모토 다음으로 최초로 비트코인을 채굴한 사람이 할 피니다. 이에 많은 사람들이 할 피니를 '진짜' 사토시 나카모토로 추정하고 있다.

할 피니는 비트코인 채굴 전 게임 개발 회사에서 일했는데, 평소 암호학에 관심이 많은 것으로도 유명했다. 그러던 중 자신의 개발 기술과 암호학 지식을 접목하여 비트코인 작업증명과 유사한 'RPOW'를 개발하였다. 이로 인해 비트코인 개발에 상당한 공헌을 하였지만, 안타깝게도 비트코인이 탄생한 2009년 루게릭병이 발병되었고 5년 후인 2014년 8월에 사망하였다.

문제는 그가 생전에 작성한 편지가 공개된 후였다. 사람들은 편지 마지막 부분을 지목하며 그가 사토시 나카모토일 것이라는 의혹을 다시 한 번 제기했다. 아래는 할 피니가 생전에 작성한 편지의 마지막 부분이다.

저는 전반적으로 꽤 운이 좋습니다. 루게릭병을 앓고 있기는 하지만, 내 삶은 매우 만족스럽습니다. 하지만 제 기대 수명은 제한되어 있습니다. 비트코인을 상속받는 것에 대한 논의는 학문적 관심 그 이상입니다. 제 비트코인은 금고에 보관되어 있고, 제 아들과 딸은 비트코인 기술에 정통합니다. 나는 그들이 충분히 안전하다고 생각합니다. 나는 내 유산에 만족합니다.

이 편지 마지막 부분에 나오는 '나는 내 유산에 만족합니다.'라는 문구가 곧 비트코인을 의미한다는 것이 사람들의 주장이다. 하지만 이에 대한 진위 여부는 아직 가려지지 않았다.

3. 렌 사맨Len sassman

많은 이들에게 잘 알려져 있지 않지만, 앞서 말한 할 피니와 같이 일했던 렌 사맨은 '믹스마스터Mixmaster'라는 기술을 개발한 22살의 젊은 암호학 전문가이다.

믹스마스터는 비트코인의 노드와 비슷하게 받은 정보를 다른 근처 노드로 전파하는 기능을 제공하는 기술이다. 비트코인이 나오기 10년 전인 2000년대 초반에 논문으로 작성된 바 있다.

이러한 믹스마스터를 만들어낸 렌 사맨은 비트코인 탄생에 많은 기여를 했다. 실제로 사토시 나카모토가 지향하는 방향을 굉장히 좋아하던 사람이었기에 그가 진짜 사토시 나카모토가 아니냐는 의혹을 받기도 했다. 하지만 렌 사맨은 사토시 나카모토가 사라진 두 달 후에 자살로 생을 마감하였다.

4. 아담 백adam back

1997년 11월, 이메일의 분산 거부 공격(DDOS)를 막기 위해 '해시캐시Hashcash'를 만든 암호학자다. 해시캐시란 이메일을 발송할 때 스팸이 아니라는 것을 증명하기 위해 일종의 스탬프를 넣는 것을 말한다. 이 스탬프를 넣기 위해서는 컴퓨터 연산을 이용하여 획득해야 한다. 이것은 CPU의 연산을 활용하여 전기를 사용하기 때문에 오늘날 비트코인의 채굴 방식인 작업증명의 초석이 되었다.

실제로 비트코인 백서 참조 자료에 해시캐시가 들어가 있으며 비트코인 탄생에 직접적인 영향을 주었다고 할 수 있다. 이 때문에 많은 사람들이 아담 백을 사토시 나카모토로 추정했다.

그런 그가 2014년 '블록스트림Blockstream'이라는 회사를 창업했는데, 비트코인의 개발은 물론이거니와 사이드체인, 인공위성을 활용한 전송 서비스, 비트코인 채굴 등 비트코인 관련 사업과 프로젝트를 진행하기도 했다. 때문에 이러한 작업들이 사라진 사토시 나카모토로 지목받는 것을 반박하기 위한 것이 아닌지에 대한 의혹이 존재한다.

5. 닉 자보 Nick szabo

그는 1996년에 세계 최초로 스마트 컨트랙트Smart Contract의 개념을 탄생시켰다. 1998년에는 '비트 골드bit gold'라는 컴퓨팅 파워를 이용하여 분산된 디지털 통화를 이론적으로 만들었지만, 실제로 구현되지는 못하였다.

닉 자보의 비트 골드는 아담백의 해시캐시와 마찬가지로 작업 증명을 활용하여 위조가 불가능한 암호 문자열을 생성한 후 검증하는 방식을 지녔다. 이러한 점 때문에 그 또한 사토시 나카모토로 추정되고 있다. 하지만 앞선 사람들과 마찬가지로 사토시 나카모토로 추정할 수 있는 다른 증거는 존재하지 않는다.

그는 현재 금융시스템을 제3의 중개 기관 없이 계약 체결할 수 있는 블록체인을 개발하고 있다고 밝혔다.

6. 데이비드 차움 David Chaum

데이비드 차움은 암호학 특허를 20개 보유한 암호학자이며, 1990년

'디지캐시DigiCash'라는 이캐시e-cash를 개발한 회사를 설립한 사람이다.

그는 프라이버시를 매우 중시하는 것으로도 유명하다. 데이비드 차움은 개인의 프라이버시를 지키기 위해서는 암호학이 발전해야 한다고 생각해 암호학에 매달리게 되었다. 그리고 이러한 이유 때문에 훗날 암호학을 이용한 '이캐시Ecash'를 개발하게 되었다고 밝힌 바 있다.

이캐시는 달러를 디지털화하여 고유의 암호 해시를 붙여 만든 것으로 금융기관이 거래 내역을 알 수 없게 익명성을 보장하였다. 기존 보유자에게 무료로 추가로 나눠주기도 하였고 비자Visa와 사용에 대해 논의도 하였으나, 그 당시에는 사람들이 신용카드를 더 선호하여 사업이 잘 되지 않았다. 또한, 실제 달러를 특정 회사가 발행하는 것은 법적 문제가 발생하여 각종 규제를 받아 실패했다는 이야기도 있다.

하지만 데이비드 차움의 익명성과 암호 해시를 이용한 방식은 비트코인에도 적용되어 영향을 준 것은 사실이라 사토시 나카모토로 추정되고 있다. 현재 그는 '엘릭서Elixxir'라는 코인을 개발하였다.

7. 웨이 다이Wei Dai

그는 1998년 익명성과 분산 저장 방식의 암호화폐인 '비머니B-MONEY'를 만들었다. 비머니는 해당 네트워크 참여자의 정보를 암호화하여 블록으로 연결하였기 때문에 블록체인 개념의 시초라 할 수 있다. 아담백의 해시캐시와 마찬가지로 사토시 나카모토가 선보인 비트코인 백서에 비머니가 참조로 들어가 있다.

비트코인이 탄생할 당시 그는 마이크로 소프트에 재직 중이었는데,

비트코인의 첫 구동 프로그램이 윈도우였다는 것이 밝혀지면서 그가 사토시 나카모토가 아니냐는 의혹이 있었다. 게다가 마이크로 소프트에 재직 중이었음에도 불구하고 인터넷 그 어디에도 웨이 다이의 사진을 찾을 수 없다는 점이 의구심을 더했다.

8. 도리안 사토시 나카모토 Dorian Satoshi Nakamoto

미국 캘리포니아 로스앤젤레스에 살고 있는 컴퓨터 엔지니어로 일본계 미국인이다. 2014년 미국 언론인 뉴스위크지는 비트코인의 얼굴이라는 제목으로 그를 사토시 나카모토라고 보도하였다. 심지어 경찰을 대동하여 집에 찾아가서 인터뷰를 진행할 정도였다. 사람들의 관심이 쏟아지자 그는 곧장 기자회견을 열어 비트코인과 전혀 관련 없는 사람이라고 해명하였다.

하지만 지속적인 세간의 관심으로 인해 가족들이 사생활 침해를 받았으며, 심지어 그는 실직까지 하고 만다. 결국 도리안은 자신을 사토시 나카모토라고 보도한 뉴스위크지를 고소하기에 이르렀다.

그는 언론에 의해 일반 개인이 희생되는 것은 누구에게나 발생할 수 있다며 뉴스위크지에 책임을 물을 수 있도록 대중에게 도움을 요청했다. 그러자 비트코인 커뮤니티는 그를 위해 50 비트코인 이상을 모금하였다. 그는 비트코인 커뮤니티에 감명을 받아 자신도 사회에 기여하고 싶다는 입장을 밝혔다. 그 이후 도리안은 비트코인 포럼에도 참가하며 여러 활동을 하고 있다.

9. 크레이그 라이트 Craig Wright

호주의 사업자 겸 공학자로 2016년 본인이 직접 사토시 나카모토라고 선언하였다. 사람들은 즉시 그가 사토시 나카모토가 맞는지 검증에 들어갔다. 그 결과, 그가 비트코인 개발에 일부 기여한 것은 사실이지만 비트코인의 제네시스 블록 이동에 필요한 개인 키에 영향을 줬다는 걸 증명하지 못했다.

하지만 그는 자신의 주장을 굽히지 않았다. 크레이그는 자신이 비트코인에 내전을 일으켜 'BSV(비트코인 사토시 비전)'라는 코인을 만들었으며, BSV가 진짜 비트코인이라고 주장했다. 하지만 사람들은 그가 사토시 나카모토가 아닐 것이라는 의심을 거두지 않았다.

사람들이 더욱더 그를 의심하기 시작한 것은 그로부터 2년 후였다. 2018년 어느 날, 그는 비트코인 개발진과 함께 공동으로 관리하던 110만 개의 비트코인을 개발자가 사망하자마자 빼돌린 혐의를 받게 되었다. 하지만 그는 개발자의 유족들이 기존 계약을 변경하고 서명을 위조해 자신을 몰아세운 거라며 억울함을 토로했다. 문제는 여기에서 끝나지 않았다. 그는 2020년 이후 비트코인 개발자들을 비롯해 자신이 사토시 나카모토가 아니라고 의심했던 사람들과 단체들을 고소하며 괴롭혔다.

결국, 2024년 5월 런던 고등법원은 그가 사토시 나카모토가 아니며 비트코인 백서 저자도 아니라고 판결을 내렸다. 그가 자신의 주장을 뒷받침하기 위해 대부분의 문서를 위조했다는 것이었다.

비트코인은 이제 크레이그 라이트의 논란에서 벗어나 새로운 길을 걸을 수 있게 되었다.

04

이중지불과
비트코인 채굴

➡ '이중지불Double Spending'이란 지폐를 위조하거나 해킹을 해서 이미 완료된 거래를 비정상적인 방법으로 여러 차례 행하는 것이다.

현실에서는 이 문제를 해결하고자 신뢰받는 제3자인 은행이나 정부기관이 등장했으며 이러한 제3자가 모든 것을 한곳에 모아 처리하게 되었다. 예를 들어 5,000원을 주고 커피 한 잔을 살 때를 생각해 보자. 정교하게 제작된 위조지폐를 사용해 같은 커피를 두 번 연속 산다면 어떻게 될까? 누군가 이것을 해결하고자 신뢰받는 제3자인 경찰에 신고할 게 분명하다. 또한, 은행에서 위조지폐를 검증하며 법적인 절차에 의해서 문제를 처리할 것이다.

그렇다면 디지털 자산은 어떨까? 사실 이중지불 문제는 디지털 화폐 시스템에서 더 큰 위험으로 다가올 수 있다. 현실에서 기존 화폐를 위조하는 것보다 디지털 상으로 동일한 자산을 여러 번 사용하게 하는 것이 더욱 쉽기 때문이다.

하지만 비트코인은 기존의 방식과는 전혀 다른 방향으로 이를 해결했다. 은행이나 정부기관과 같이 신뢰받는 제3자 없이도, 탈중앙화 상태에서 이중지불 문제를 해결한 것이다. 신뢰받는 제3자를 없애는 대신 거래 내역을 모두가 공유하는 장부(DB)에 저장하고, 거래가 추가될 때마다 정상적인 거래인지 모두가 검증하는 방법을 택했다. 여기서 모두가 공유하는 장부를 비트코인에서는 '노드(Node)'라고 부른다. 라즈베리파이로도 누구나 제한 없이 참여할 수 있으며 현재 전세계에 이러한 노드가 수만 개 존재한다.

그렇기 때문에 이중지불 또는 불법 거래를 위조하기 위해서는 전세계의 수만 개 노드 장부를 조작해야 하는 상황이 된 것이다. 결론적으로 이것은 불가능에 가깝다.

비트코인 네트워크는 가장 긴 체인을 유효한 것으로 간주하는 규칙을 적용한다. 이는 참여자가 악의적으로 네트워크를 속이려고 해도, 정직한 노드들이 더 빠르게 블록을 생성하여 가장 긴 체인을 유지할 수 있도록 한다. 이러한 다층적인 방어 메커니즘을 통해 비트코인은 이중지불 문제를 효과적으로 해결하고 있다.

비트코인 채굴이란 무엇인가?

비트코인이 새롭게 공급되는 과정을 살펴보면 비트코인에 대한 이해가 한층 더 깊어질 것이다. 비트코인은 누구에게, 그리고 어떤 행위를 하면 주어질까? 사실 비트코인은 행동 경제학의 인센티브 메커니즘에 의해 동작한다. 그 메커니즘을 자세히 들여다보자.

먼저 비트코인과 비트코인 네트워크(프로토콜)의 개념을 구분할 필요가 있다. 비트코인 네트워크는 비트코인 거래를 검증하고 기록하는 분산된 컴퓨터 네트워크다. 비트코인은 사용자가 소유하고 거래하는 디지털 자산이면서, 비트코인 네트워크에 기여하는 주체에게 주는 인센티브다. 이 네트워크에서 가장 큰 기여를 하는 주체이자, 유일하게 보상을 받는 주체는 바로 채굴자miner다.

'채굴자'라는 단어에서 떠오르는 이미지는 주로 곡괭이를 들고 암석을 캐는 광부일 것이다. 비트코인의 '채굴'이라는 표현이 정확히 어디에서 유래했는지는 확실하지 않지만, 비트코인 채굴은 우리가 생각하는 이런 전통적인 이미지와는 상당히 다르다. 비트코인은 디지털 자산이기 때문에 실제의 곡괭이도, 암석도, 광부도 존재하지 않는다.

비트코인 채굴자는 이른바 '채굴기'라 불리는 반도체 칩을 사용해 비트코인 네트워크에 거래 내역을 기록하는 역할을 한다. 이들이 거래 내역을 기록하는 이유는 채굴 보상으로 비트코인을 받기 위해서다. 다시 말해, 채굴자들은 탈중앙화된 네트워크의 가치를 믿는 선의에서 동작하는 것이 아니라 자신의 이익, 즉 비트코인을 보상으로 받기 위해 최선을 다해 채굴에 참여하는 것이다.

비트코인 네트워크는 아무에게나 거래 내역을 기록할 수 있는 권한을 주지 않는다. 특정한 자격을 얻는 채굴자만 비트코인 네트워크에 기록할 수 있고, 이 자격을 얻어야만 비트코인을 보상으로 받을 수 있다. 그렇다면 비트코인 네트워크는 어떤 채굴자에게 그 자격을 부여할까? 비트코인은 작업증명 Proof of Work이라는 경쟁 시스템을 통해서 거래 내역을 기록할 권리 즉 블록을 생성할 수 있는 권리를 부여한다. 작업증명은 채굴자들 중에 먼저 목표한 해시값을 계산해 내는 채굴자에게 이 권한을 주는 시스템이다. 해시값을 더 빨리 계산하기 위해서 채굴자들은 더 성능이 좋은 채굴기를 투입하게 된다.

비트코인이 작업증명이라는 방식을 사용하는 이유는 하나다. 신뢰받는 제3자가 없는 상태에서 모두가 네트워크를 믿을 수 있게 하려면 그에 합당하는 비용과 시간을 투입해야 하기 때문이다. 하지만 탈중앙화 네트워크에서 누군가 시키지 않아도 시간과 비용을 들여서 장부를 생

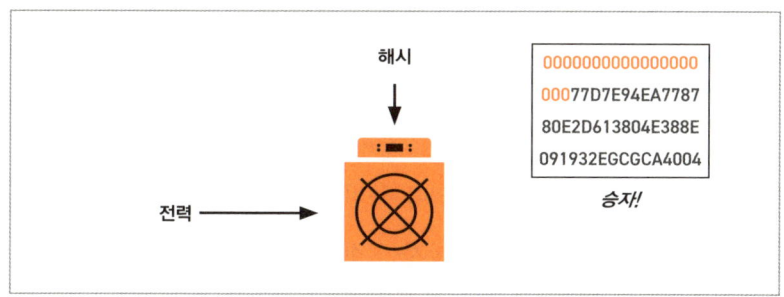

성하려면 보상이 필요하다.

　바로 이러한 작업증명을 통해 보상을 받는 과정이 앞서 말한 채굴이라고 할 수 있다. 채굴 역시 누구나 참여할 수 있으며 내가 투입한 컴퓨터 연산 능력과 전기 비용만큼 비트코인 보상을 받을 수 있다. 비유를 하자면 채굴은 주사위 던지기에 가깝다. 특정 숫자보다 작은 값이 나올 때까지 주사위를 던진다고 봐도 무방하다.

　컴퓨터 연산 능력이 좋을수록 주사위를 빠르게 던지는 것과 같다. 모든 사람이 경쟁하기 때문에 더 좋은 컴퓨터 연산 능력을 갖추면 채굴에 대한 보상을 받을 확률이 높아진다.

　그러나 컴퓨터 연산 능력이 좋다고 확정적으로 보상을 받을 수 있는 것은 아니다. 주사위를 느리게 던져도 원하는 값이 나온다면 바로 보상을 받을 수도 있다. 실제로 채굴했을 때 받는 보상은 다음과 같다.

　　채굴 보상 = 블록 보조금 + 채굴 전송 수수료

　전기를 사용한 채굴 보상으로 발행되는 블록 보조금에 사람들이 거래하는 것에 따른 수수료를 받는다. 채굴자는 비트코인 보상을 받고 비트코인 네트워크를 방어하는 역할도 겸하고 있다. 왜냐하면 채굴 행위 자체가 비트코인 거래가 유지되는 주요 작업이기 때문이다.

만약 채굴자가 모든 비트코인을 독점하고자 공격 행위를 한다면 어떻게 될까? 공격 행위를 한 채굴자는 결국 자신이 보상으로 받은 비트코인의 가치를 잃어버리게 된다. 채굴을 하기 위해서 투자한 컴퓨터의 가치 또한 잃어버리게 되므로 무리해서 다른 이들을 공격하는 것보다 컴퓨터 연산력을 이용해 채굴을 계속 이어나가는 게 훨씬 경제적이다.

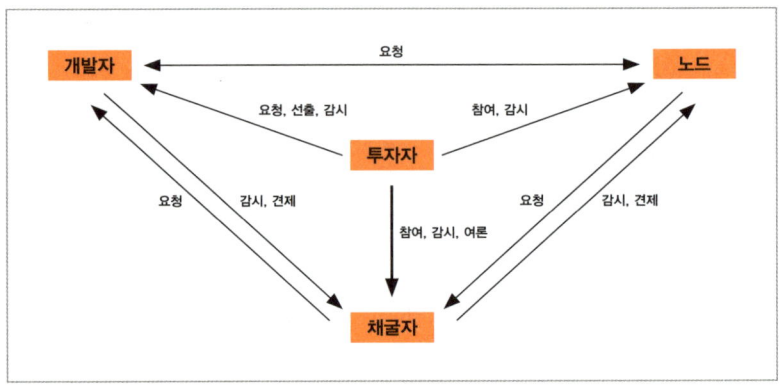

결론적으로 채굴자는 투입 비용을 들여서 보상을 받지만, 그 투입 비용 때문에 공격 대신 네트워크 보호와 참여를 택하게 된다. 노드의 경우에는 채굴자가 채굴한 블록이 정상적인지 감시하며 전파하는 역할을 하기에 각자 최상의 이해 행위에 따라 비트코인이 유지된다.

이것이 비트코인의 가장 위대한 점이자 훌륭한 점이다.

05

비트코인, 금을 압도하다!
희소성을 결정짓는
숨겨진 메커니즘

➡️ 금과 비트코인 모두 한정된 자원이라는 점은 동일하지만, 채굴 과정에서 차이가 발생한다. 금은 한정된 자원이나 채굴 기술이 발달하거나 금 가격이 올라 채산성이 좋아지면 더 많은 금을 채굴하게 된다. 쉽게 얘기하면 돈이 되기 때문이다. 하지만 비트코인은 다르다. 비트코인의 가격 상승으로 인해 돈이 된다는 판단을 한 채굴자들이 더 많은 채굴기를 동원하고 전력을 투입하더라도 총 채굴량은 이전과 비교하여 증가하지는 않는다.

그 이유는 하나다. 비트코인 네트워크에서 채굴자가 많아지면 (즉, 해시레이트가 올라가면) 채굴의 난이도 또한 함께 상승하기 때문이다. 이 난이도 조정은 약 2주 단위로 이루어지고 이를 통해서 블록 생성 시간(약 10분) 또한 최대한 일정하게 유지가 된다. 난이도 조정의 개념은 비트코인의 채굴량이 일정하게 감소하도록 설계된 것을 실행하는 비트코인만의 독특한 콘셉트다. 이것을 이해하면 왜 비트코인이 다른 자산들에 비해서 더 희소한지를 제대로 깨달을 수 있다.

금은 5,000년의 역사가 증명하는 가장 믿을만한 돈이다. 금의 가치가 오랜 기간 잘 유지된 이유는 금이 반도체와 같은 산업용으로 쓰여서가 아니라, 금은 얻기가 매우 어렵다는 그 희소성 때문이다. 그 금의 희소성을 오랜 역사 기간 동안 누구나 알고 있다는 점 또한 중요한 이유다. 하지만 이러한 금도 채굴 기술의 혁신과 새로운 금광의 발견으로 인해 금 채굴량이 급격히 증가하는 시기가 있다.

사금을 채취하는 모습

채굴 기술의 발전으로 인한 금 채굴량의 변화

전통적인 금의 채굴 방식은 광부들이 강이나 하천에서 금이 포함된 퇴적물을 팬에 담아 물속에서 흔들어 가벼운 물질을 씻어내고 무거운 금 입자만 남겨서 회수하는 방법인 '사금 채취placer mining'였다. 이후 19세기 중반에 미국 서부 캘리포니아 골드러시* 동안 수력 채굴법 Hydraulic Mining이 도입되었는데, 이는 고압의 물줄기를 사용해 금이 포함된 토양과 암석을 분해하는 방법으로 채굴을 한다. 특히 광범위한 토양을 빠르게 제거하고 금을 회수할 수 있는 장점이 있었지만 환경에 영

---

*골드러시 : 새로운 금맥이 발견되어 많은 사람이 그곳으로 몰리는 현상

향을 많이 미쳤기 때문에 오늘날에는 거의 사용하지 않고 있다.

이후 금 채굴량에 가장 큰 영향을 준 채굴 기술은 '사이안화법 Cyanidation Process'이다. 이 기술은 금을 추출하기 위해 화학 처리를 사용하는 방법인데, 저품위 광석에서도 금을 효율적으로 추출할 수 있게 해주었다.

1887년 사이안화법의 등장으로 이후 금 채굴량은 연간 400톤까지 증가했다. 이후 1950년대에는 열처리법의 도입으로 연간 1,000톤 이상의 생산량을 기록했고, 1980년대 이르러서는 광산 자동화 및 기계화가 이루어지면서 채굴 비용 효율이 크게 향상 되었다. 그 결과 2000년까지 연간 금 채굴량은 2,600톤까지 약 2배 증가했다. 최근에는 생체침출, 열용융법, 드론 기술을 통해서도 금의 채굴의 경제성을 계속 향상시키고 있다.

이처럼 채굴 기술의 발전은 금 채굴량의 증가로 이어진다. 1800년대 초반(1820년대)에 연간 금 10~20톤에 불과했던 금 채굴량이, 이제는 연간 3,000톤 이상으로 증가했다.

채굴 기술뿐만 아니라 신규 금광의 발견으로도 금 채굴량 증가에 큰 영향을 미쳤다. 채굴 기술의 발전이 새로운 금광의 발견을 촉진하는 면도 있고, 그동안 채산성이 낮아서 방치되었던 금광을 다시 채굴하게 만드는 효과로 이어지기도 한다. 우선 새로운 금광의 발견이 채굴량에 미친 영향도 살펴보자.

1886년에 남아프리카 공화국 요하네스버그 인근에서 발견된 위트워터스랜드 금광은 역사상 가장 풍부한 금광이 있다. 약 50,000톤 가까운

기술 발전으로 인한 금 채굴량의 변화

채굴 기술	도입 시점	연간 금 채굴량 변화 수치
수력 채굴법	1850년대	1848년 약 10톤 → 1855년 약 100톤 (약 10배 증가)
사이안화법	1887년	1887년 약 180톤 → 1900년 약 400톤 (약 2배 증가)
열처리법	1950년대	1950년 약 1,000톤 → 1970년 약 1,500톤 (약 50% 증가)
광산 자동화 및 기계화	1980년대	1980년 약 1,200톤 → 2000년 약 2,600톤 (약 2배 증가)
최신 기술 도입 (생체침출, 열용융법, 드론 및 자동화기술 등)	2000년대 이후	2000년 약 2,600톤 → 2022년 약 3,100톤 (약 20% 증가)

금이 이 지역에서 채굴되었다. 이 규모는 세계 역사상 채굴된 전체 금의 40%에 달하는 규모다. 특히 사이안화법 등의 채굴 기술들이 이 지역에서 대규모로 도입되었다. 이후에도 남미의 최대 금광인 페루의 야나코차 금광(예상 매장량 1,400톤), 그리고 인도네시아의 그라스버그 금광(예상 매장량 3,000톤) 등이 연이어서 발견되면서 연간 금 생산량은 지속적으로 증가한다.

최근에 세계적으로 주목받는 금광은 우간다에서 발견된 와가가이 금광이다. 이 금광에서는 약 32만 톤의 금을 정제할 수 있을 것으로 추정되고 있는데, 이 규모는 역사상 유례없는 규모다. 현재는 초기 탐사를 끝내고 개발 과정에 있다(전문가들 사이에서는 과장된 매장량이라는 분석도 나오고 있다). 이번 와가가이 금광의 발견 역시 초기 항공 탐사

주요 금광의 발견과 예상 매장량

금광 이름	위치	발견 시기	예상 매장량	현재 진행 상황
위트워터스란드 금광	남아프리카 공화국 요하네스버그	1886년	약 5만 톤	20세기 중반까지 세계 최대 금 생산지
클론다이크 금광	캐나다 유콘	1896년	약 500톤	현재는 소규모 채굴만 이루어짐
야나코차 금광	페루	1986년	약 1,400톤	남미 최대 금광 중 하나
그라스버그 금광	인도네시아 파푸아 주	1988년	약 3,000톤	세계 최대 금 및 구리 광산 중 하나
실링 금광	중국 산둥성	2017년	약 592톤	개발 진행 중, 약 40년간 금 생산 예상. / 중국의 단일 금광으로는 최대금광
와가가이 금광	우간다 부시아 지역	2022년	약 32만 톤	개발 단계

기술을 통해 주로 이루어졌는데, 금광의 발견을 위한 탐사 작업도 새로운 기술의 도입으로 작업이 더 효율적으로 변하고 있다.

 이 글에서 전달하려고 하는 메시지는 이러한 매장량의 사실 여부에 있지 않다. 5,000년 역사를 가진 가장 희소한 자원으로 알려진 금조차도, 새로운 채굴 기술의 발전과 금광의 발견으로 인해 지속적으로 채굴량이 증가하고 있다는 점을 말하고 싶었다. 이 이야기는 디지털금인 비트코인의 희소성을 비유하기 위한 빌드업이기도 하다.

금 못지않은 비트코인 채굴 기술의 발전

비트코인은 금보다 더 낮은 공급 탄력성을 가진다. 앞서 언급한 것처럼 비트코인에는 '난이도 조정'이라는 개념이 있어 실물 금의 채굴 과정과는 큰 차이점을 만든다. 비트코인은 총 2,100만 개가 발행되도록 프로그래밍 되어 있다. 물론 비트코인 채굴에 사용되는 반도체 기술도 발전하고, 비트코인 가격이 상승함에 따라 더 많은 채굴자가 참여하면서 채굴 기계의 성능 또한 경쟁적으로 향상이 되고 있다. 이러한 상황에서도 2,100만 개의 비트코인이 조기에 모두 채굴되는 일은 없다. 이는 앞서 말했듯이 비트코인 네트워크가 채굴자 수가 늘어나거나 더 강력한 채굴 장비가 사용될 때마다 2주 단위로 난이도를 조정하기 때문이다.

금의 채굴 기술이 발전했던 것처럼 비트코인의 채굴 장비도 크게 발전해 왔다. 비트코인이 처음 나왔던 2009년에는 가정용 컴퓨터로도 채굴이 가능했다. 이때는 CPU를 사용해 채굴하던 시기로 채굴 참여자(경쟁자)가 적었기 때문에 상대적으로 낮은 사양으로도 채굴이 가능했다. 이후 GPU를 이용한 채굴이 시작되면서 채굴 속도가 크게 증가하기 시작했고, 나중에는 비트코인 채굴만을 위해 설계된 맞춤형 반도체 칩인 ASIC Application-Specific Integrated Circuit, 특수 목적 집적회로 채굴기가 등장하면서 성능이 월등하게 향상되었다. CPU의 경우 초당 메가해시(MH/s) 수준의 해시율을 제공했다면, GPU는 기가해시(GH/s) 수준으로 해시율을 제공했다. 반면 ASIC은 수십 테라해시(TH/s)이상의 해시율을 제공하며 채굴의 다음 세대를 이끌었다.

여기서 우리가 주목해야 할 부분은 채굴기의 성능이 크게 발전함에도 불구하고 점점 줄어드는 연간 비트코인 채굴량의 변화다. 2011년 연간 약 263만 개의 비트코인이 채굴되었으나, 2013년에는 연간 131만 개, 2018년에는 약 65만 개, 그리고 2023년은 32.8만 개가 채굴되었다.

비트코인 채굴기의 발전과 연간 비트코인 채굴량 변화

세대	대표적인 기종	시기	해시율 (TH/s)	전력 효율성 (W/GH)	연간 비트코인 채굴량 (BTC)	블록당 보상 수량
CPU*	일반 컴퓨터 CPU	2009–2010년	약 5–10 MH/s	약 9,000	2,628,000 (2010년)	50BTC
GPU**	ATI Radeon HD 5870	2010–2011년	약 100 MH/s – 1 GH/s	약 1,000	2,628,000 (2011년)	50BTC
FPGA***	Xilinx Spartan 6 LX150	2011–2012년	약 1–25 GH/s	약 1,000	2,512,800 (2012년)	50BTC / 25BTC
1세대 ASIC	Avalon A3256, Bitmain Antminer S1	2013년	5–10 TH/s	500–600	1,314,000 (2013년)	25BTC
2세대 ASIC	Bitmain Antminer S5, Canaan Avalon6	2015년	10–15 TH/s	250–400	1,314,000 (2015년)	25BTC
3세대 ASIC	Bitmain Antminer S9, Canaan Avalon 741	2016–2018년	14–16 TH/s	100–200	657,000 (2018년)	12.5BTC
최신 세대 ASIC (4세대)	Bitmain Antminer S19 Pro, MicroBT Whatsminer M30S++	2020년 ~2023년	100–150 TH/s	약 29.5 W/GH	328,500 (2023년 예상)	6.25BTC
	Bitmain Antminer S21	2025년 예상	200TH	19.5 W/TH	164,250 (2025년 예상)	3.125BTC

*CPU : Central Processing Unit
**GPU : Graphics Processing Unit
***FPGA : Field Programmable Gate Array

2025년은 16.4만 개의 채굴 될 것으로 예상된다.

　금은 채굴기의 발전과 신규 금광의 발견으로 매년 채굴량이 증가하고 있다. 하지만 디지털 금으로 불리는 비트코인은 발행 총량이 2,100만 개로 정확히 프로그래밍 되어 있고, 채굴 기술이 발전하더라도 난이도 조정을 통해서 신규공급량이 4년에 한번 절반씩 줄어들도록 설계된 자산이다. 디지털 금인 비트코인의 희소성 원리의 핵심은 난이도 조정이고 이는 금의 희소성 메커니즘과 비교할 수 없는 독특한 시스템이다.

06

비트코인은 화폐다

비트코인에 대한 정의는 사람마다 다르다. 누군가는 비트코인을 디지털 골드로, 또 누군가는 가치 저장의 수단으로, 다른 누군가는 투자의 수단 등으로 정의 내리고는 한다.

이번 챕터에서는 '비트코인은 좋은 화폐다'라는 관점으로 내용을 이어 나가고자 한다. 사토시 나카모토가 만든 비트코인의 백서 제목 역시 '비트코인 : P2P 전자 화폐 시스템 A Peer To Peer Electronic Cash System'이지 않은가. 비트코인은 확실히 전자 화폐라 할 수 있다. 그러나 많은 사람들은 비트코인에 대해 다음과 같이 말한다.

"비트코인은 변동성이 커서 화폐로 사용할 수 없다!"
"비트코인은 수량이 정해져 있어서 모든 사람이 사용할 수 없다."
"비트코인은 가격이 우상향하므로 가지고 있는 것이 사용하는 것
  보다 유리하니까 화폐로 쓰일 수 없다!"

이러한 주장들을 반박하기에 앞서 우리는 화폐에 대해서 정확히 알 필요가 있다. 과연 우리는 화폐에 대해서 얼마나 알고 있을까?

화폐가 무엇이냐고 묻는다면 대부분은 종이 지폐를 떠올리며 국가가 발행하고 보증한 것을 말할 것이다. 어릴 때부터 화폐란 국가에서 발행한 것이라며 교육받고 자라왔기 때문에 이를 당연하게 여기며 살아온 것이다. 하지만 '진짜 화폐'의 속성은 총 5가지로 나눌 수 있다.

1.희소성: 생산이 어렵고 공급이 한정적이거나 제한적인 것.

2.분할성: 균일하고 원하는 만큼 분할이 가능한 것.

3.이동성: 공간과 시간을 초월하거나 쉽게 이동 가능한 것.

4.내구성: 시간이 지나도 변질되지 않는 것.

5.인식성: 사람들이 가치를 모두 인정하는 것.

우리가 사용하는 종이 지폐 또는 법정 화폐는 희소성에서 탈락한다. 금은 희소성과 내구성 그리고 인식성을 만족하지만, 분할성을 만족하기 어렵다. 왜냐하면 기계로 금을 자른다 하여도 완벽한 크기로 동일하게 자를 수 없기 때문이다.

하지만 비트코인은 위의 5가지 속성을 모두 만족한다. 희소성, 분할성, 이동성, 내구성, 인식성을 모두 만족해야 진짜 화폐라고 할 수 있다면, 비트코인이야 말로 화폐 그 자체라 할 수 있다.

	비트코인	금	현금
희소성	V	V	
분할성	V		V
이동성	V		V
내구성	V	V	
인식성	V	V	V

위의 다섯 가지 속성 이외에도 화폐는 또 하나의 특징이 있다. 바로 누군가 사용을 강제하거나 정해두지 않는다는 것이다. 무엇으로 만들었든, 어떤 형태로 되어있든 사람들이 사용하면 그것이 화폐다. 실제로 원시시대에는 현재의 종이 지폐 대신 수집품이나 조개, 쌀 등을 화폐로

썼고, 금속을 생산하는 기술이 발전한 후에는 금속 또는 금을 녹여서 화폐로 사용한 바 있지 않은가.

이처럼 화폐는 그 시대의 사람들이 사용하면 그것이 화폐인 것이다. 법정 화폐를 국가가 정해준 화폐로 사용한 것은 얼마 되지 않았다. 애초에 지배적인 세계 화폐의 수명은 약 100년 정도가 한계였다. 현재의 화폐는 그저 수천 년 인류 역사의 일부분일 뿐이다.

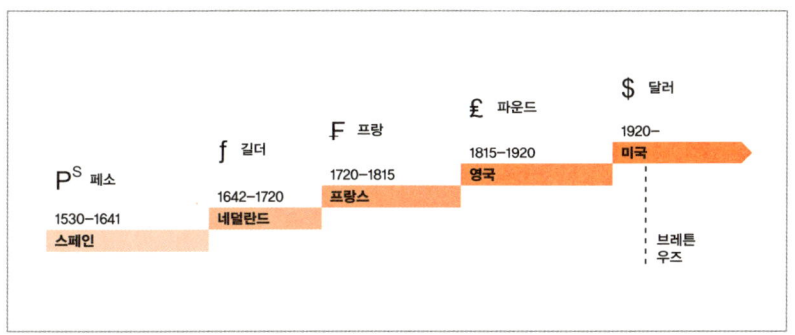

다시 돌아와서 비트코인을 화폐로 이용할 수 없다고 말하는 3개의 주장에 대해 논해 보자.

주장 1. 비트코인은 변동성이 커서 화폐로 사용할 수 없다!

비트코인에 대한 대표적인 오해 중 하나다. 이 주장은 주로 비트코인과 다른 법정 화폐 간의 교환 비율이 변동하는 현상을 지적하는 것이다. 비트코인의 변동성은 주로 법정 화폐(예를 들어 달러나 페소)와의 교환

비율에서 발생하는데, 이는 비트코인 자체의 문제라기보다는 법정 화폐와의 상대적인 가치 변동에서 기인한다. 이는 비트코인이 탈중앙화된 자산으로서 고정된 공급량을 갖고 있으며, 그 가치는 시장에서 실시간으로 수요와 공급에 의해 결정되기 때문이다.

달러를 예로 들어보자. 달러는 다른 통화, 특히 가치가 불안정한 화폐(예를 들어 아르헨티나 페소) 대비 실시간으로 변동성을 겪는다. 페소화는 하루 만에 달러 대비 수십 퍼센트 떨어질 수 있으나 그럼에도 불구하고 우리는 "달러가 변동성이 커서 화폐로 사용할 수 없다!"라고 하지 않는다. 달러는 안정적인 화폐로 인정되며, 특정 국가의 경제적 요인에 따라 변동성이 있을 뿐이다.

주장 2. 비트코인은 수량이 정해져 있어서 모든 사람이 사용할 수 없다!

비트코인은 화폐의 속성 중 하나인 분할성이 매우 뛰어나다. 1개의 비트코인을 1억 개의 소수점으로 쪼갤 수 있기 때문이다. 이는 비트코인 단 하나를 전 세계 모든 사람이 나누어 가질 수 있다는 말이기도 하다. 수량이 정해져 있어서 모든 사람이 사용할 수 없다는 주장은 애초에 성립되지 않는다.

혹여 비트코인은 소수가 독점하기 때문에 모두가 쓰지 못한다고 말하는 이도 있을 것이다. 하지만 이는 사실이 아니거니와 단순히 비트코인만의 문제도 아니다. 소수가 대부분의 물건을 독점하는 것은 기존의 화폐에서도 있어왔던 문제기 때문이다.

주장 3. 비트코인은 가격이 우상향하므로 가지고 있는 것이 사용하는 것보다 유리하니까 화폐로 쓰일 수 없다!

인간의 생명은 유한하여 영원히 비트코인을 가지고 있을 수 없다. 그렇기 때문에 소지한 비트코인은 반드시 사용해야 한다.

비트코인은 명백히 화폐이므로 필요한 재화를 구매하는 데 사용하면 된다. 실제로 많은 이들이 비트코인으로 필요한 재화나 다른 화폐로 변환하는 데 사용하고 있기 때문에 많은 양의 비트코인을 온전히 들고 있는 이들은 그리 많지 않다.

물론 비트코인은 무한대로 찍어내는 법정 화폐 대비 구매력이 올라가는 것은 사실이다. 하지만 이것은 화폐의 기능을 손상시키는 것이 아닌 화폐가 되기 위한 기본 조건인 '가치의 저장'을 만족하게 되는 것이다. 또한 무한대로 찍어내는 법정 화폐의 화폐 가치가 상실되는 것이다.

비트코인은 탄생한 지 이제 15년밖에 되지 않았지만, 시간이 흐를수록 화폐로써의 역할은 점점 커질 것이다. 그것도 일반적인 화폐가 아니라 글로벌 화폐라 할 수 있다. 왜냐하면 앞서 말했듯 화폐의 속성을 모두 만족하기 때문이다.

이미 비트코인은 각 국가 화폐의 환율로 비교하며 거래가 쉬지 않고 일어나고 있다. 화폐란 교환의 매개체를 겸하고 있기 때문에 세계 어디서든 사용할 수 있는 비트코인이야말로 진정한 글로벌 화폐라고 할 수 있다.

PART 3.

최고의 부의 저장 기술 비트코인 : 인류 역사상 최고의 투자처인 이유

01

당신이 하이퍼인플레이션을 경험한 국민이라면?

리카르도 살리나스 플리에고Ricardo Salinas Pliego는 멕시코에서 가장 영향력 있는 인물 중 하나이자, 멕시코 최대의 TV 방송국을 소유한 억만장자다. 그의 자산 규모는 무려 13조를 상회한다. 살리나스의 부는 가족으로부터 시작되었는데, 흥미롭게도 그의 가족 역사는 멕시코 페소의 가치가 급변하는 시기와 긴밀히 연결되어 있다.

1980년대 초, 석유 매장량 발견으로 경제 성장을 기대했던 멕시코는 세계 석유 가격 하락과 과도한 외국 부채로 인한 이자 부담 증가로 예상치 못한 경제적 충격을 받았다. 이러한 상황은 페소에 대한 신뢰를 저하시켰다. 결국, 멕시코는 1982년 페소와 달러의 고정 환율제를 포기하기에 이른다.

이후 페소의 가치는 급락하기 시작했다. 1982년 1달러에 20페소였던 환율은 연말에 거의 150페소까지 치솟았고, 6년이 지난 1988년에는 무려 3,000페소까지 올랐다. 달러 대비 페소 가치가 150분의 1로 하락한 것이다. 이로 인해 미리 달러를 저축한 소수를 제외하고 멕시코 대부분 국민들의 부는 거의 사라졌다.

살리나스도 예외는 아니었다. 당시 살리나스는 아버지가 운영하던 라디오와 TV 제작 회사에서 일하고 있었다. 그러던 중 페소화의 평가절하로 회사는 파산 위기에 처했고, 많은 직원을 해고해야만 했다. 살리나스는 이 시기를 이렇게 회고했다.

"2,000달러를 벌던 월급이 몇 년 만에 20달러로 줄어드는 초인플레이션을 경험했다. 이론적으로 아는 것과 실제 그 시스템 안에서 피해자가 되는 것은 다르다."

이 사건은 살리나스의 가치관에 매우 큰 영향을 미칠 수밖에 없었다. 그는 자신을 포함한 같은 세대의 사람들이 한 세기 동안 이어진 화폐 시스템의 사기 피해자라고 과감히 언급한다.

앞서 말했듯 그의 할아버지와 아버지 세대는 페소의 가치가 순식간에 떨어지는 현상을 실시간으로 목격했다. 그렇기 때문일까? 그의 할아버지는 닉슨 대통령이 1971년 금본위제 중지를 선언한 때부터 금을 지지하게 되었다. 아버지는 금융 기관 이용이 어려운 사람들에게 은화를 홍보하는 데 평생을 바쳤다. 자국의 통화 가치 하락을 몸소 경험한 이상, 무언가를 저축할 수 있는 수단을 알려주는 것에 자신의 여생을 바치기로 한 것이다. 이는 매우 의미가 크다.

이러한 배경은 살라나스가 비트코인을 지지하게 된 이유가 되었다. 믿기 어렵겠지만, 지금은 1달러에 17,000페소다. 이렇게 되기까지 멕시코는 초인플레이션으로 인한 경제적 문제를 해결하기 위해 화폐 개혁을 실시했다. 1993년에 구 페소MXP가 신 페소MXN로 1000:1 비율로 재평가되어 페소의 기본 단위가 MXN으로 변경되었다.

우리는 다양한 재테크 방법을 공부하고 또 공부하지만 정작 우리가 어떤 돈을 갖고 있어야 하는지에 대해서는 고려하지 않는 경향이 있다. 특히 이 책을 읽는 대부분의 독자들은 초인플레이션을 경험해보지 못했다. 우리는 투자를 통해 돈을 더 벌려고 많은 노력을 기울이지만, 정작 어떤 돈을 갖고 있어야 하는지에 대해서는 무지했다. 또 관심이 없었다. 더 늦기 전에 고민해야 한다. 적어도 내가 이미 부를 이룬 소수가 아니라 일반적인 대중이라면 말이다.

02

인플레이션, 과연 왜 생기는 걸까?

➡️ 인플레이션은 경제학 현상 중 특히 논란이 많은 주제다. 노벨 경제학상을 받은 밀턴 프리드먼Milton Friedman은 다음과 같이 말했다.

"인플레이션을 만드는 것은 과도한 정부 지출과 과도한 화폐 발행 외에는 없다!"

이러한 관점에서 볼 때, 인플레이션은 단순한 물가 상승 문제를 넘어서 국가의 경제적 안정성에 직접적인 영향을 미치는 요인이다.

화폐 발행을 통해 정부 지출을 늘리는 행동은 단기적으로 경기를 부양하는 효과를 가져올 수 있다. 그러나 과도한 화폐 발행이 하이퍼인플레이션으로 연결될 경우 통화의 가치가 급격히 떨어지면서 심각한 경제 혼란으로 이끌 수도 있다. 특히 과도한 화폐 발행으로 시작된 인플레이션은 캔틸런 효과*로 이어져 자산을 가진 자와 노동자 사이에 큰 빈부 격차를 심화시키는 주요 원인 중 하나가 될 수 있다. 이렇게 되기 전에 적정 수준의 인플레이션이 유지된다면 좋을 테지만, 현실에서는 그 '적정 수준'이라는 것을 유지하는 게 쉬운 일이 아니다.

역사적으로 화폐의 독점적 발행 권한은 국가에게 큰 유혹이 되었다. 심지어 선의를 가진 권력자라 할지라도 화폐를 독점하는 유혹 앞에서는 결국 약해지곤 했다. 또한 정부는 본질적으로 정치 기관이며 세금 수

---

*캔틸런 효과 : 화폐 공급량이 늘어날 경우 기존 재화나 용역 가격이 차별적으로 상승하는 현상.

입보다 더 많은 지출을 하려는 유혹이 존재한다. 이러한 유혹에 굴복해서 과도하게 화폐를 발행함으로써 정부는 무상으로 더 많은 이익을 얻으려 한다. 이러한 인센티브는 결국 권력자들이 인플레이션을 유발하는 경로를 선택하게 만든다.

실물 화폐의 평가를 절하 시키는 인플레이션은 화폐에 침투한 도둑과 같다. IT에 익숙한 독자라면 이해하기 좋은 비유가 있다. 바로 제품에 의도적으로 설계된 보안 취약점, '백도어'가 그것이다. 만약 우리가 사용하는 스마트폰에 사용자의 개인 통화 데이터를 빼돌려서 시장에 판매하는 기능이 내장되어 있다면 과연 우리는 그 스마트폰을 구매할까? 그렇지 않을 것이다.

어떤 자산을 보유할 것인지 고민할 때 장기적으로 구매력을 유지할 수 있는 것인지 살펴봐야 한다. 즉, 가치 저장의 기능이 있어야 한다는 말이다. 이러한 가치를 담을 수 있는 그릇에는 구멍이 없거나 또는 매우 작아야 한다. 가치를 서서히 빼돌리고자 하는 도둑이 있는 그릇에 자산을 담는다면 시간이 지남에 따라 우리의 부는 줄어들어 결국 아무것도 담기지 않은 구멍 난 그릇만 가지게 될 것이다.

조금 더 극단적으로 얘기한다면 인플레이션은 사실상 소수의 이익(정부도 포함)을 위해 은밀하게 화폐를 빼돌릴 수 있는 메커니즘이다. 대다수 사람들이 이를 인지하지 못하는 사이에 점차 이루어지다가 어느 순간 급격하게 발생하여 통화 시스템을 붕괴시키게 된다. 이러한 과정은 아르헨티나에서 목격된 바와 같이 화폐의 신뢰성을 깨뜨리고 경제 전반에 걸쳐 심각한 문제를 야기한다. 우선 아르헨티나의 '피아트 머니 fiat money' 정책이 나라를 어떻게 망가뜨렸는지 살펴보도록 하자.

풍부한 천연자원의 축복을 받은 아르헨티나는 밀, 밀가루, 육류, 옥수수 등 농축산물의 수출에 힘입어서 1900년대 초에는 연평균 6~7% 성장률을 기록했었다. 약 3백만 명 이상의 이민자가 '아르헨티나의 꿈'을 찾아서 몰려들 정도였다. 당시의 이민자에게 선택지가 미국과 아르헨티나였다는 것만 봐도 그 당시 아르헨티나의 경제가 어느 정도였는지 짐작할 수 있을 것이다. 실제로 1910년대 아르헨티나의 1인당 GDP는 독일, 프랑스보다 높았고 전성기에는 미국의 80%에 달했다.

이처럼 남부럽지 않게 고성장을 하던 아르헨티나는 1980년부터 1991년까지 지속적인 예산 적자와 함께 만성적인 높은 인플레이션을 경험한다. 1970년대 초부터 8번의 통화 위기를 겪은 뒤 1989년의 인플레이션은 최고조에 달해 5,000%가 넘었다.

아르헨티나의 지속적인 예산 적자는 왜 높은 인플레이션으로 연결되었을까? 이는 증가하는 국가 부채를 감당하기에 세수가 부족하기 때문에 부채를 수용하기 위해 중앙은행에 의존하여 화폐 인쇄를 가속화했기 때문이다. 세수를 늘려 국민들에게 원망을 듣는 것보다 화폐 발행이 더 쉽다. 이러한 머니 프린팅의 고삐를 잡지 못하면 하이퍼인플레이션으로 연결되고 이는 국가를 망가뜨리는 핵심 트리거가 된다.

한때 아르헨티나 국민들은 상당한 생활수준을 누렸지만, 1980년대 후반에 들어서는 약 200~900만 명 정도가 무료 급식소에서 음식을 제공받을 정도로 삶의 질이 하락했다.

10년별 아르헨티나 인플레이션 (소비자 물가지수 연간 변동율)

Pared	Average	Maximum	Minimum
1920 – 1929	−1.7	17.1	−15.9
1930 – 1939	−0.3	13.0	−13.9
1940 – 1949	10.6	31.1	−0.3
1950 – 1959	30.3	111.6	3.7
1960 – 1969	23.3	31.9	7.6
1970 – 1979	132.9	440.0	13.6
1980 – 1989	750.4	4,923.3	87.6

출처 : INDEC, swanbitcoin

달러-페소 페그제, 인플레이션이 안정되다

1990년대 초반, 아르헨티나는 달러-페소 페그제*를 도입하며 인플레이션을 점진적으로 안정시키기 시작했다.

이러한 변화는 1990년대 초반, 아르헨티나가 경제적으로도 주목할 만한 성장을 이루는 계기가 되었다. 이는 주로 경제개혁, 특히 1991년 도입된 통화 페그제는 화폐 가치를 안정시키면서 외국 투자를 유치하는 데 중요한 기여를 했다.

경제 성장에 힘입어, 아르헨티나 정부는 국가 이미지 개선과 외국인

＊달러-페소 페그제 : 1991년, 환율을 미국 달러 대비 1아르헨티나 페소로 고정하는 역할을 하는 통화위원회의 설립을 골자로 하는 법안이 통과됐다. 이로 인해 유통되는 페소의 수량과 동일한 양의 달러를 준비금으로 보유하는 것이 필수가 되었다. 이는 정부가 화폐를 임의로 발행하는 것을 억제하는 한편, 인플레이션을 진정시키는 데 크게 기여했다.

아르헨티나의 인플레이션 변화

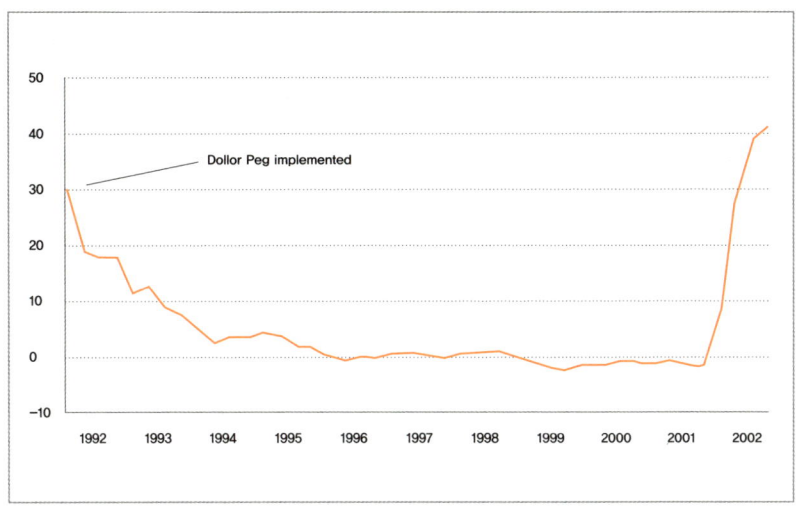

출처 : IMF, International Financial Statistics. Year-on-year change in CPI.

투자 유치를 위해 신속하게 부채를 증가시켰다. 외국인 투자자들은 워싱턴 컨센서스*를 도입한 아르헨티나가 인플레이션을 효과적으로 줄이고 수십 년 동안 부재했던 경제적 안정성을 회복한 점을 높이 평가했고, 이에 따라 아르헨티나 국채에 대한 투자를 확대했다.

아르헨티나 정부는 이러한 외부 자본을 활용해 재정 적자를 메웠고, 월스트리트는 대출 인수로 상당한 수익을 창출했다(월스트리트 기업들은 1991년부터 2001년까지 아르헨티나 국채 인수로 약 10억 달러의 수수료를 벌어들였다고 추정된다).

---

*워싱턴 컨센서스(Washington Consensus) : 1980년대와 1990년대 초 미국이 중남미 국가 등 개발도상국들이 경제적 어려움을 극복하고 성장을 촉진하기 위해 권장했던 경제 정책 패키지.

하지만 과도한 대외 부채는 향후 부메랑으로 돌아오게 된다. 산업 다양화, 부패, 재정 적자 등 경제의 근본적인 구조적 문제 해결에는 변화를 이끌어내지 못했고, 경제의 고질적인 취약성을 감추는 것에만 일시적으로 기여를 했다. 결국 1990년대 중반에는 경제개혁의 초기 긍정적 효과가 시들해지기 시작했고 점차 높은 부채 수준과 경상 수지 적자 문제에 직면하게 되었다.

그러다 1997년 아시아 금융 위기와 1998년 러시아 금융 위기가 발생했을 때 글로벌 금융시장은 큰 충격을 받았다. 특히, 개방적인 경제와 긴밀하게 연결된 아르헨티나의 경우 직접적인 타격을 받았다. 이로 인해 글로벌 투자자들이 위험을 회피하기 시작했고 아르헨티나에서의 자금 유출이 가속화 되었다. 통화 페그제로 인해 페소의 유지는 더욱 어려워졌다. 아르헨티나 중앙은행은 고정 환율을 유지하기 위해 대규모 외환 보유고를 사용해 시장에 개입했지만 이는 결국 지속 가능하지 않았다.

국제적인 신뢰도도 떨어지고 외환 보유량이 줄어들면서 아르헨티나는 국제 금융 시장에서 더 이상 충분한 자금을 조달할 수 없게 되었다. 이 모든 요인들이 겹쳐서 2001년 아르헨티나 경제 붕괴로 이어지게 된다.

두 달 만에 저축액의 75%를 잃다, 아르헨티나판 '국가부도의 날'

위기가 본격화되자 IMF는 아르헨티나에 대한 자금 지급을 중단했다. 결국 가장 큰 타격을 입은 것은 아르헨티나 국민들이었다. 실업률이 치솟고 경제 불황이 심화되면서 많은 사람들이 페소를 버리고 달러를 찾기 시작했다.

정부는 은행의 뱅크런을 막기 위해 두 가지 극단적인 조치를 취했다. 첫 번째는 은행 예금 동결 조치다. 국민들이 은행 계좌에서 돈을 인출하는 것을 엄격히 제한했는데 일주일에 250달러 넘는 현금을 인출할 수 없도록 했다. 이러한 조치는 일명 '코랄리토Corralito'라 불렸다. 코랄리토는 스페인어로 펜스를 의미한다. 정부가 모든 은행 거래를 중지하고 돈을 뽑지 못하게 펜스를 친 상황을 묘사한 것이다. 이 조치는 아르헨티나 사회에 많은 불편과 고통을 초래했다. 사람들은 갑자기 자신의 저축에 접근할 수 없게 되면서 생활에 어려움을 겪었다. 정부에 대한 불신은 극에 다다랐다. 이는 대규모 폭동의 도화선이 되기도 했다.

두 번째 조치는 미국 달러에 대한 강제 전환이었다. 이 조치는 정부가 외화 부채를 상환하기 위해 필요한 모든 외환 보유량을 확보하려는 시도였는데, 아르헨티나 국민들의 은행 계좌에 있는 미국 달러를 페소로 강제 전환하는 것도 포함되었다. 하지만 달러의 강제 전환과 함께 페소 가치 또한 급격한 하락을 맞이했다. 통화 페그제가 해제되고 나서 두 달 만에 아르헨티나 국민들은 저축액의 약 75%를 잃었다. 국민들의 구매력은 급격히 떨어졌고 많은 사람들은 경제적 파탄을 경험하게 된다.

아르헨티나의 국민들은 지금까지도 인플레이션으로 고통받고 있다. 2023년 12월 아르헨티나의 인플레이션은 200%를 넘었다. 연중에도 내내 100% 가까운 인플레이션을 보이고 있다. 국가의 통화 정책은 화폐 가치에 즉각적인 영향을 미친다. 최종적으로 우리의 삶에 미치는 영향은 인플레이션, 물가 상승이라는 결과로 보이게 된다. 화폐 가치의 하락은 한 나라의 경제에 치명적인 영향을 미친다는 것을 아르헨티나의 과거 사례를 보며 반면교사 삼을 수 있다.

현재 아르헨티나의 인플레이션은 1991년 이후 최고 수준을 기록하고 있다. 아르헨티나 사람들이 달러를 인출해 해외에 보관하는 사례가 증가하는 것은 이제 놀라운 일이 아니다. 과거의 경험을 통해 많은 이들이 상황이 더 악화될 경우 은행 예금이 다시 동결될 가능성을 우려하고 있다. 이로 인해 아르헨티나 국민의 해외 예금 보유액은 다른 남미 국가들에 비해 월등히 높다. 아르헨티나 국민들은 정부에 대한 신뢰를 잃었으며, 이는 스테이블 코인 사용량의 급격한 증가로 이어지고 있다.

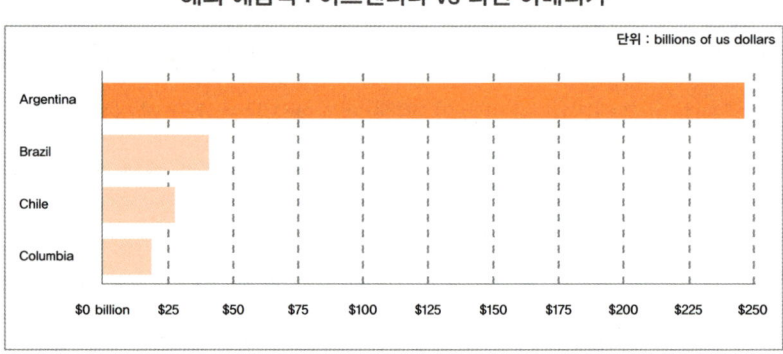

출처 : Institute of International Finance, swan bitcoin

인플레이션의 고삐를 제어할 수 있을까

이러한 인플레이션 문제의 심화 속에서 자유 민주주의 국가가 과도한 정부 지출과 화폐 발행을 자제하는 정책을 실현할 수 있을지에 대한 질문이 제기된다. 현실적으로 이는 쉽지 않은 일이다. 어쩌면 많은 지출과 추가적인 화폐 발행의 진짜 원인은 국민들의 요구라고 할 수 있다. 의회는 점점 더 많은 지출을 의결하며 세금 인상을 결정하지 않는다. 이는 더 많은 유권자의 표를 얻는 방법으로 연결되며 정치적 이익을 가져다주기 때문이다.

문제의 핵심은 정부와 의회의 이러한 행위를 제어할 수 있는 메커니즘이 부재하다는 것이다. 1971년 달러의 금태환 중지 이후 정부 발행 화폐가 더 이상 금과 직접 연결되지 않으면서 화폐 가치의 고삐를 잡을 수 있는 주체가 사라졌다. 우리는 명목상 인플레이션을 2%로 알고 있으며 각국은 이러한 인플레이션 수준을 유지하기 위해 노력한다.

하지만 이는 결코 쉬운 일이 아니다. 지난 100년 동안 미국 달러의 가치는 99.5%나 하락했다. 이를 역산해보면 실질 화폐 인플레이션은 8~9%에 육박한다. 정부가 시행하는 모든 정책이 좋은 의도로 수행되었을지라도 이는 결국 인플레이션을 일으키고 물가를 상승시키는 결과를 낳는다.

결국 인플레이션과의 싸움은 단순한 경제 정책의 문제를 넘어서 정치적 의지와 국민들의 인식 변화를 필요로 한다. 과도한 정부 지출과 화폐 발행을 자제하려는 노력은 국민들의 이해와 지지 없이는 실현될 수 없다. 이는 장기적인 경제 안정과 성장을 위해 필수적인 과제로 현대 경제에서 인플레이션을 관리하는 새로운 접근 방식을 모색해야 함을 시사한다.

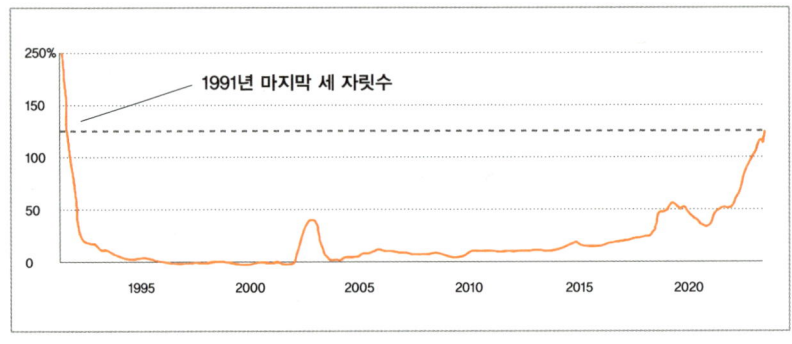

인플레이션은 악마일까

앞서 언급한 바와 같이 적절히 관리되지 않은 인플레이션이 하이퍼 인플레이션으로 이어질 경우, 국가와 개인 모두에게 큰 고통을 안겨줄 수 있다. 하지만 인플레이션 자체를 무조건 악으로 보는 것은 경계해야 한다. 우리는 균형 잡힌 시각을 가질 필요가 있다. 적절한 인플레이션은 경제를 유지하고 통합하는 데 중요한 역할을 한다. 국가는 필요한 인프라를 제공하고 국방과 치안 같은 필수적인 서비스를 유지하기 위해 적절한 부채를 부담한다. 이러한 비용을 모두 세금으로 충당하기에는 한계가 있다. 예를 들어, 코로나19 팬데믹 동안의 양적완화는 인플레이션을 유발했지만, 이를 시행하지 않았다면 경기 침체로 인해 더 큰 고통을 겪었을 것이다.

이러한 환경에서 개인은 어떻게 자산을 보호할 수 있을지 고민해야 한다. 주식, 채권, 부동산 같은 자산은 인플레이션으로부터 방어할 수 있는 수단이 될 수 있다. 뿐만 아니라 이 책에서 언급하는 비트코인은 기존의 전통 자산에 비해서 인플레이션 헤지에 탁월한 자산이다. 따라서 인플레이션 자체를 악마화하기보다는, 인플레이션이 발생할 때 어떻게 관리하고 대비할 것인지를 이해하는 것이 중요하다.

　나는 적절한 수준의 인플레이션이 경제에 미치는 긍정적인 역할을 부정하지 않는다. 다만, 인플레이션이 불가피한 상황에서 개인이 자산을 어떻게 지키고 관리할 것인지는 매우 중요하다. 균형 잡힌 시각을 통해 인플레이션을 이해하고 대처하는 방법을 모색하는 것이 이 책이 전달하고자 하는 바이다.

03

부의 재분배의
숨겨진 원리 :
캔틸런 효과

"모든 게 오르는데 내 월급만 오르지 않아!"
"살림살이는 날이 갈수록 팍팍해지는데 월급은 그대로야!"

주변 사람들과 대화를 하다보면 이런 이야기가 꼭 나오기 마련이다. 하지만 그 안을 자세히 들여다보면 이게 꼭 사실이 아님을 알 수 있다. 우리의 생각과 달리 월급은 점진적으로 증가하고 있기 때문이다.

지난 20년간 미국의 평균 임금은 약 54% 증가했다. 2002년 약 50,000달러였던 것이 2022년에는 77,000달러까지 상승했다. 문제는 임금만 오른 것이 아니라는 데 있다. 같은 기간 미국 주택의 평균 가격은 74% 올랐으며 특히 뉴욕의 주택 중간 가격은 당시 320,000달러에서 800,000달러로 약 150% 상승했다. 이는 평균 임금 상승률과 비교할 때 높은 수치다. 주식 시장에서는 미국 주식시장을 대표하는 S&P500* 지수가 268%가 증가했다. 이러한 수치를 볼 때 개별 부동산, 주식, 미술품 등 각각의 자산 가격은 그 가치가 비교할 수 없을 정도로 크게 상승했다는 것을 알 수 있다.

"내 월급만 그대로야!"라고 생각하는 이유는 이처럼 평균 임금의 상승률이 다른 자산 가격 상승률을 못 따라가기 때문이다. 이 현상이 왜 일어나는지, 그리고 이로 인한 사회적 파급 효과는 무엇인지 우리는 깊이 생각해 볼 필요가 있다.

---

*S&P500 : 미국 주식시장에서 거래되는 500대 기업의 주가를 기반으로 만들어진 지수, 미국 경제의 전반적인 건강 상태를 나타내는 척도로도 활용된다.

캔틸런 효과와 딜레마

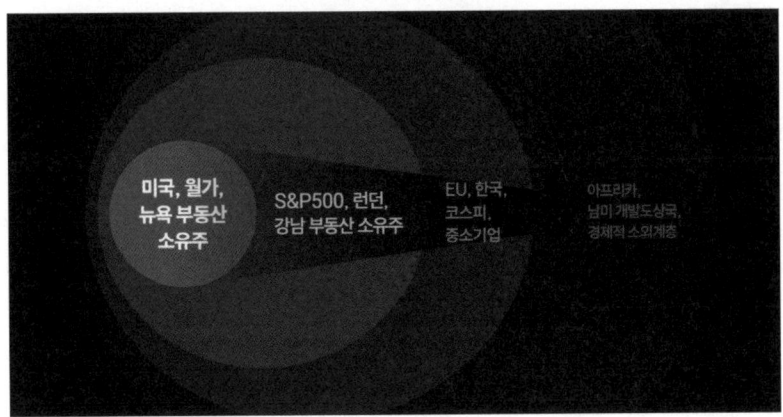

하나의 경제 이론으로 모든 현상을 설명하는 것은 어렵지만 적어도 부의 재분배를 설명하기 위해선 앞에 잠시 언급했던 '캔틸런 효과'가 매우 적합하다. 이 이론은 18세기 경제학자 리처드 캔틸런Richard Cantillon의 이름을 따서 명명되었는데, 통화량의 변화가 경제에 미치는 영향을 설명한다.

캔틸런 효과에 따르면 통화량이 증가할 때 해당 통화가 경제의 어느 부분에 먼저 투입되는지에 따라 그 부분의 경제 주체들이 상대적으로 더 큰 경제적 이익을 누리게 된다. 즉 신규통화가 투입되는 지점 근처에 있는 경제 주체들은 통화가 경제 전반에 퍼지기 전에 자산을 저렴한 가격에 구입할 수 있는 기회를 갖게 된다(예를 들어 월스트리트나, 실리콘밸리, 또는 뉴욕 부동산 등이다). 이는 자산 가격이 일반적인 물가 상승률을 넘어서 증가하게 만들고 이로 인해 통화량이 늦게 도달하는 지역이나 계층은 상대적으로 높은 가격에 자산을 구매해야 하는 불리한

미국 통화 공급량 M1

출처 : Board of Governors of the Federal Reserve System (us)

상황에 처하게 된다.

  이러한 현상은 중앙은행이 경제 불황이나 금융 위기를 방지하기 위해 금융 시장에 유동성을 대량으로 공급할 때 특히 두드러진다. 예를 들어 미국 연방준비제도FED에서 수조 원 규모의 경기 부양 정책(양적완화)을 진행하는 경우, 그 돈은 경제 전반에 골고루 퍼지지 않고 먼저 접근이 가능한 은행과 자본가에게 혜택이 몰리게 된다. 결국, 이러한 정책은 단기적으로는 시장 안정을 가져오지만 장기적으로는 부의 집중과 경제적 불평등을 심화시킬 수 있다. 오늘날의 글로벌 경제는 기축통화인 미국 달러의 영향력이 아주 크기 때문에 미국 중앙은행의 통화정책이 전 세계적으로 중요한 파급효과를 미치게 된다.

여기서 몇 가지 질문을 더해 보자. 캔틸런 효과로 통화량이 계속 증가할 때 빈부의 격차가 계속 커지는 구조라면, 과연 앞으로 통화 팽창을 줄일 수는 있을까? 결론부터 말하면 현대 자유민주주의 아래에서, 정치적 필요와 선거, 투표 같은 요소들로 인해 화폐 발행을 제한하는 것은 사실상 불가능에 가깝다. 더 많은 지출을 결정하는 의회는 더 많은 유권자의 표를 얻기 위해 세금 인상보다는 화폐의 발행을 선택한다. 그것이 그들에게 더 나은 정치적 이익을 가져다주기 때문이다. 1971년 달러의 금태환 중지로 이러한 것을 방지할 수 있는 메커니즘이 사라진 것도 한 몫했다. 통화 팽창은 계속될 것이고, 이는 캔틸런 효과에 의해 빈부격차를 더욱 심화시킬 것이다.

그렇다면, 캔틸런 효과 내에서 빈부 격차를 줄일 방법은 무엇일까? 전혀 없는 것은 아니다. 캔틸런 효과의 외곽에 있는 사람들 즉 노동자, 소외 계층, 개발도상국의 시민들이, 캔틸런 효과의 중앙에 위치한 대표적인 자산인 뉴욕의 부동산이나 S&P500 등을 소유하는 것이다. 그들의 노동 소득 즉 임금이 가장 마지막에 반영되더라도 주요 자산을 보유하고 있다면 캔틸런 효과가 만들어내는 부의 재분배의 효과를 누릴 수 있다.

그러나 현실적으로 아프리카의 개인이 뉴욕 부동산을 취득하는 것은 거의 불가능하며, 은행 계좌조차 없는 사람이 자본 시장에 접근하는 것도 쉽지 않다. 캔틸런 효과로 신규 통화 공급에 가장 먼저 영향을 받는 자산들은 접근성이 떨어지며 누구나 보유하기 어려운 것이 문제다. 그렇다면 이어서 다음과 같은 질문을 던져 볼 수 있다. 아주 희소한 자산이라 통화 팽창이 될 때 가장 먼저 상승하는 자산(즉 캔틸런 효과의 중앙에 있는 자산)이며 접근성이 좋고 누구나 주고받을 수 있어 손쉽게 보유할 수 있는 자산이 존재한다면 어떨까?

비트코인은 여기에서 어떤 역할을 할 수 있을까?

비트코인의 본질적인 특성을 다음과 같은 쉬운 세 문장으로 나타낼 수 있다.

"전세계 어디로든, 누구에게나 국경의 제약 없이 보낼 수 있다."
"인터넷만 된다면 은행이나 금융기관의 지원 없이도 누구나 보유할 수 있다."
"발행량이 2,100만 개로 고정되어 있고 현재 94% 이상이 발행되었다. 비트코인은 금보다 더 희소한 자산이다!"

즉 비트코인은 대다수의 사람이 알고 있는 희소성을 지닌 자산으로, 캔틸런 효과의 중심부에 놓일 수 있는 자산이다. 경제 전반에 걸쳐 통화 팽창이 일어날 때, 비트코인 같은 자산은 부의 저장 수단으로서 가장 먼저 가치가 상승한다. 비트코인의 가격은 무엇보다 통화정책, 시장의 돈의 유동성과 상관성이 높다.

이러한 비트코인은 캔틸런 효과의 원의 가장 가장자리에 있는 소외계층, 개발도상국 그리고 노동을 통한 임금근로자들 누구나 소유할 수 있다. 곰곰이 생각해 보면 역사적으로 이러한 특징을 가진 자산은 없었다.

04

비트코인 게임의 전략 :
하루라도 빨리,
가능한 많이,
오랫동안 보유하기

2024년 1월 11일, 비트코인을 간접적으로 투자할 수 있는 비트코인 현물 ETF가 미국 증권거래소에 상장되었다. 사토시 나카모토가 15년 전에 비트코인을 만들 때 월가의 금융 상품이 될 것이라고까지 예측했을까? 자료를 찾아봐도 그런 기록은 없다. 어쩌면 비트코인은 창시자의 계획에 없었던 큰 그림을 하나 더 그리게 된 것이다.

이는 곧 월스트리트의 자본이 비트코인의 진가를 투자 자산으로서 이해하게 된 사건이다. 통찰력이 있었던 몇몇 투자자들은 이 자산을 미리부터 발견해서 보유하기 시작했다. 하지만 이 자산을 대중들에게 제공하는 일에는 여러 가지 면에서 한계가 있었다. 암호화폐 거래소들이 우후죽순 생겨나면서 비트코인과 같은 암호화폐를 보다 쉽게 보유할 수 있는 서비스를 제공했지만, 해킹 사고나 경영자의 이른바 '먹튀' 등 규제의 사각지대에서 일어나는 사고들 때문에 안전하게 투자하기 어려웠다. 따라서 기관들이 ETF를 통해 비트코인을 투자할 수 있게 된 지금이 비트코인 역사에 있어 매우 중요한 시점이다.

비트코인 게임의 법칙

카드 게임 중에 가장 잘 알려진 것은 포커다. 포커의 기본 규칙은 간단하다. 각 플레이어는 일정한 수의 카드를 받고 배팅 라운드를 거쳐 가장 높은 패를 가진 플레이어가 승리한다. 희귀한 패일수록 높은 등급으로 설계되어 있다. 게임에 참가한 플레이어는 아무리 힘센 플레이어가 들어왔다고 해도 이 규칙이 수시로 바뀌지 않는다는 믿음을 가지고 있다. 만약 같은 무늬의 연속된 10, J, Q, K, A가 내 손에 들어왔다면 두말

없이 배팅 금액을 최대한 올리면 된다.

물론 카드도 심리 게임이기 때문에 티 나게 배팅을 하면 상대방이 따라오지 않아 이익이 작아질 수 있기에 아무것도 아닌 것처럼 적절한 눈속임이 필요할 수도 있다. 기본 규칙 범위 내에서 다양한 심리 게임을 하는 것은 플레이어의 자유다.

굳이 이 시점에서 왜 카드 게임 얘기를 꺼냈을까? 혹시라도 비트코인을 도박과 연관 짓기 위해 카드 게임을 비유했다고 생각하신 사람이 있다면 그런 오해는 하지 않아도 된다. 도박, 카드 게임, 그리고 투자에서 공통점은 '심리 게임'이라는 점이다. 그것 말고는 공통점이 없다.

비트코인은 하나의 프로토콜이다. 즉 누구도 임의로 바꿀 수 없는 기본 규칙이 있다. 그 규칙은 기술적으로 증명되었고 사람들이 그것을 믿기 때문에 비트코인 프로토콜의 가치가 유지된다. 비트코인 투자를 하나의 게임으로 간주한다면 이 게임의 승리의 법칙은 의외로 간단하다. 먼저 비트코인 게임에서 기본 규칙은 이러하다.

1. 고정된 공급량 : 총 2,100만 개만 발행할 수 있다.
2. 채굴 보장 : 블록 생성에 기여한 채굴자에게만 새로운 비트코인이 주어진다.
3. 채굴 과정 : 채굴자들은 블록 생성을 위해 전기와 컴퓨터 연산력을 투입한다. 더 많이 투입할수록 블록을 생성할 확률이 높아진다.
4. 네트워크 보안 : 채굴 경쟁이 높을수록 비트코인 네트워크의 보

안이 증가한다.
5. 보상 : 블록당 50개의 보상이 채굴자에게 주어진다. 그리고 21만 번째 블록(대략 4년)마다 보상 수량이 절반으로 줄어든다. 현재(24.8)는 블록당 3.125개의 보상이 주어진다.
6. 난이도 조정 : 더 많은 채굴자가 참여하면 블록 생성 난이도가 증가하고, 참여자가 줄어들면 난이도가 감소한다. 난이도 개념이 존재하기 때문에 일정량의 비트코인만 채굴이 된다. 난이도는 2주 단위로 업데이트 된다.
7. 블록 생성 시간: 난이도 조정을 통해서 약 10분에 한 블록씩 생성된다. 난이도 조정이 되기 이전에 채굴 참여자가 많아지면 블록은 10분보다 더 빨리 채굴된다.

비트코인 투자 게임에서 승리하기 위한 법칙은 매우 단순하고 명료하다. '하루라도 빨리, 가능한 많이, 그리고 오랫동안 보유하기'다.

1. 하루라도 빨리 시작하기

비트코인은 제한된 공급량(2,100만개)과 시간이 지남에 따라 더 희소해지는 특성이 있다. 이는 비트코인이 '디지털 금'으로 비유되는 이유이기도 하다. 일찍 보유할수록 가격 상승의 잠재적인 이익을 더 크게 누릴 수 있다.

이 점을 잘 이해한 미국의 상장사 마이크로스트레티지는 2020년 8월 비트코인을 리저브 자산으로 보유하기로 결정했다. 마이클 세일러

Michael Saylor 회장의 장기적인 비트코인에 대한 확신이 이 과감한 결정을 이끌어냈다. 이는 기업 차원에서 가장 빠르게 비트코인을 보유하기 시작한 사례 중 하나로 주목받았다.

2. 가능한 많이 보유하기

비트코인의 가치는 네트워크 효과와 공급 제한에 기인한다. 더 많은 비트코인을 보유할수록 네트워크의 성장과 비트코인 가격 상승에 따른 이익을 더 많이 얻을 수 있다. 마이크로스트레티지는 처음에 21,454BTC를 매수하며 비트코인 보유 전략을 채택했다. 이후 지속적인 추가 매수를 통해 현재(2024년 8월 기준) 약 226,500BTC를 보유하고 있으며, 이는 전체 비트코인 발행량의 1%가 넘는 수치다. 이러한 공격적인 비트코인 매수 전략은 마이크로스트레티지의 재무적 성과에도 큰 영향을 미쳤다.

그 결과는 시장에서 주식 가격으로 나타났다. 이 기업은 서비스형 소프트웨어기업saas으로 안정된 매출을 가지고 있었음에도 지난 10년 동안 주식 가격은 제자리걸음이었다. 그러나 2020년 8월 비트코인 전략을 채택한 이후, 마이크로스트레티지의 주가는 약 10배 이상 상승했다. 비트코인의 가격이 급등하면서 회사의 미실현 손익은 50억 달러를 넘어서고 있다. 이를 어떻게 해석해야 할까? 회사의 대차대조표 오른쪽에는 장기적으로 가치가 떨어지는 법정 화폐가 부채로, 왼쪽에는 장기적으로 가치가 상승하는 좋은 돈(비트코인)을 자산으로 잡은 것이다.

'망가지고 있는 돈을 부채로, 강한 돈을 자산으로!'

이 단순한 진리가 시장에서 검증된 것이 아닐까 조심스럽게 평가해 본다.

3. 보유한 것을 오랫동안 지키기

비트코인의 가격 변동성은 유명하다. 하지만 장기적으로 보면 비트코인의 가격은 꾸준히 상승했다. 보유한 비트코인을 오랫동안 지키는 것은 단기적인 시장 변동에 휘둘리지 않고 장기 상승 잠재력을 극대화하는 방법이다.

비트코인에게 HODL(hold on for Dear life) 전략은 성공한 비트코인 투자자들이 가장 많이 채택한 전략이기도 하다. 마이크로스트레티지는 상승장의 초기에 매수를 시작했으며 고점에서도 매입을 멈추지 않았다. 이듬해 비트코인 가격이 70% 이상 하락할 때도 꾸준히 분할로 매수를 했다. 그리고 단 한 개도 팔지 않았다. 2017년 비트코인을 먼저 매수하였지만, 2018년 하락장에서 손실과 함께 모두 매도한 소프트뱅크의 손정의 회장과는 대조되는 모습이다. 현재 중간 평가가 이루어졌지만 5년, 10년 뒤에는 더 냉정한 평가가 이루어질 것이다.

이러한 비트코인 게임의 법칙은 그 단순함에 있다. 복잡한 금융 지식이나, 기술적 분석이 없어도 누구나 쉽게 이해하고 실행할 수 있다. 이는 비트코인의 고유한 특성 즉 제한된 공급량, 탈중앙화, 고정된 규칙과도 잘 맞아떨어진다. 결론적으로 비트코인 게임에서 가장 심플한 투자 전략은 앞서 말했듯이 '하루라도 빨리, 가능한 많이, 그리고 오랫동안 보유하기'로 정리해볼 수 있다.

비트코인 게임과 알트코인 게임은 다르다

이러한 간단한 법칙이 있음에도 대부분의 게임과 마찬가지로 승자는 드물다. 비트코인은 2013년부터 2024년까지 총 10년 동안 77배 상승했다. 수학적으로 보면 모두가 승자여야 하지만 대부분은 패자이다. 설문 조사 기관 나우앤서베이에서 조사에 따르면 암호화폐 투자자의 70.1%가 손실을 경험했다.

곰곰이 생각을 해보면 대부분의 사람들은 실제로 '비트코인 게임'에 참여하지 않았다. 그들은 비트코인의 정반대에 있는 '알트코인 게임'에 참여했다. 많은 사람들은 비트코인과 알트코인을 구분하지 못한다. 90% 이상 가치가 하락하는 알트코인에 손을 댄 사람들도 주변 지인들에게는 비트코인에 투자해 손해를 봤다고 말한다. 삼성 주식과 어제 상장 폐지한 주식이 같은 주식이지만 전혀 다른 가치의 주식이듯, 비트코인과 알트코인은 동일한 블록체인 기술을 활용했을 뿐, 180도 다른 자산이다. 그래서 분명 다르다.

비트코인 게임의 법칙을 초기부터 이해한 사람들은 전통 금융 시장에서 오랫동안 투자를 해왔던 이들이 아니었다. 비트코인은 개인이 먼저 이해를 했고 기업과 기관이 그 후에 참여하게 되었다. 비트코인이 탄생한 후 10년이 지난 2019년까지 이 시장은 개인이 주도했다. 미국에서는 ETF가 출시되기 이전에 그레이스케일이라는 기업이 비트코인과 이더리움 신탁을 만들어서 비트코인을 보유하고자 하는 기업들의 수요를 충족시켰다. 직접 암호화폐 거래소에서 매수하고 비트코인을 보유하는 데 부담을 느낀 기업들은 그레이스케일의 GBTC Grayscale Bitcoin Trust를 이용했다. 적어도 미국의 증권법에서 보호를 받기 때문이다.

2020년에는 나스닥 상장사 중에서 비트코인 게임에 강력하게 참여한 기업이 있다. 이전 글에도 수차례 인용을 했던 '마이크로스트레티지'라는 회사이다. 이 회사는 현재 비트코인을 22만 개 보유하면서 전세계에서 가장 많은 비트코인을 보유한 단일 기업이 되었다.

그러나 올해 비트코인 ETF가 출시되면서 판이 바뀌고 있다. 어떤 전문가는 이를 이렇게 비유했다.

어떤 섬에 금이 잔뜩 있다. 그 금을 가지러 가기 위해 예전에는 배편을 빌려서 어렵게 오갔다. 배를 타고 가다가 풍랑이라도 만나면 다치거나 죽는 경우도 흔했다. 그런데 이제 그 섬에 다리와 고속도로가 생겼다. 그래서 더 쉽게 금을 가지러 갈 수 있고, 거래할 수 있게 되었다. 즉 금을 가지러 가는 비용 cost이 줄어든 셈이다.

여기에서 ETF는 섬에 놓인 다리와 고속도로와 같은 존재다. ETF가 없을 때는 인가되지 않은 암호화폐 거래소에서 비트코인을 구매했다. 그러다가 거래소가 해킹당하거나, 또는 경영자가 '먹튀'라도 하면 엄청난 손실을 사용자들이 짊어져야 했다. 보험도 되지 않았다(물론 한국에서는 아직까지도 법인이 거래소에서 비트코인을 구매할 수 없다). 이러한 위험을 낮춰 준 것이 비트코인 ETF다.

ETF 출시 이후 기업과 기관들이 비트코인을 획득하는 비용이 감소하면서 더 많은 기관 투자자들의 참여가 예상된다. 이들에게도 역시 비트코인 게임의 법칙은 적용된다. 더 빨리, 더 많이, 더 오랫동안 갖고 있는 것이 중요하다.

비트코인 게임에서 선두로 달리고 있는 블랙록의 CEO 래리 핑크 Larry Fink는 '비트코인은 비상관적인 수익을 제공할 수 있는 합법적인 금융 수단'이라고 표현했다. 그러나 과거의 래리 핑크는 전혀 다른 입장을 취하고 있었다. 2017년 10월 그는 CNBC와의 인터뷰에서 비트코인을 '범죄자들에 의해 주로 사용되는 자산이며, 자금 세탁의 지표 index of money laundering'로 폄하했다.

어떤 현상을 처음부터 정확하게 판단한다는 것은 누구에게나 쉬운 일이 아니다. 처음부터 제대로 된 판단을 하지 못했더라도 여러 증거들을 보며 자신의 오류를 인정하고 수정하는 유연성과 지적 겸손을 겸비하는 것은 매우 중요하다. 그런 면에서 볼 때 마이크로스트레티지의 마이클 세일러, 블랙록의 래리 핑크는 이러한 지적 겸손을 겸비한 사람이다.

이처럼 비트코인과 같은 혁신적인 자산에 대한 초기 회의론과 후속 수용은 변화하는 증거와 시장의 흐름에 따라 유연하게 대응하는 능력이 얼마나 중요한지를 보여준다.

미국의 1분기 13F 공시를 통해 기관투자자들의 비트코인 ETF 투자

1분기 13F 공시 대상 기관투자자의 비트코인 현물 ETF 보유 비중

티커	비트코인 현물 ETF										금 현물
	GBTC	IBIT	FBTC	ARKB	BITB	HODL	BRRR	EZBC	BTCO	BTCW	GLD
시가총액 ($Mn)	19,101	18,566	10,303	2,343	3,059	634	541	402	462	77	55,096
투자 기관 수	614개	421개	228개	72개	94개	26개	5개	15개	18개	4개	2,229개
기관 분류	기관별 보유비율										
헤지펀드	8.80%	10.72%	14.83%	2.39%	8.26%	0.35%	0.12%	0.43%	0.97%	1.99%	2.09%
투자 자문(RIA)	0.30%	4.01%	2.96%	19.23%	2.62%	19.38%	0.10%	5.99%	0.60%	21.17%	20.64%
연기금	0.10%	0.50%	0.00%	0.00%	–	0.00%	0.00%	0.00%	0.00%	0.00%	0.00%
사모	0.10%	0.27%	0.00%	0.00%	–	0.00%	0.00%	0.00%	0.00%	0.00%	0.00%
은행	5.40%	0.20%	0.08%	0.00%	0.05%	0.00%	0.00%	0.00%	0.00%	0.00%	11.46%
패밀리 오피스	1.90%	0.00%	0.78%	0.08%	0.91%	0.00%	0.00%	0.08%	0.03%	0.00%	0.00%
지주회사	0.00%	0.15%	0.33%	1.11%	1.00%	3.02%	0.67%	3.31%	2.38%	23.36%	0.21%
브로커	0.00%	0.12%	0.01%	0.23%	–	1.66%	0.46%	0.32%	1.54%	1.39%	3.13%
신탁	0.00%	0.09%	0.00%	0.00%	–	0.00%	0.00%	0.00%	0.00%	0.00%	0.88%
보험사	0.00%	0.01%	0.01%	0.00%	–	0.00%	0.00%	0.00%	0.00%	0.00%	0.43%
미분류	11.10%	–	–	–	–						
기타	0.00%	–	–	–	–						
벤처 캐피탈	3.20%	–	–	–	–						0.13%
기관 보유 비율	30.9%	16.07%	19.0%	23.0%	12.9%	24.4%	1.4%	10.1%	5.5%	47.9%	38.97%

출처 : 신영증권 리서치

현황을 살펴볼 수 있다. 과연 어떤 기관들이 이 게임에 참여하고 있을까? 이 글을 쓰는 시점에서는 24년 2분기 공시가 나오지 않아서 1분기 기준으로 확인해 보겠다.

2024년에 순유입이 가장 컸던 블랙록의 비트코인 현물 ETF인 IBIT에는 421개의 투자기관이 참여했다. GBTC는 2019년부터 시작한 비

13F 공시 비트코인 현물 ETF 상위 보유 금융기관 (단위: $Mn)

	GBTC	IBIT	FBTC	ARKB	BITB	HODL	BRRR	EZBC	BTCO	총합
Millennium Management	188	786	752	42	42					1,809
Susquehanna International Group, SIG	1,016	22	40	34	20	19	4	13	11	1,179
Bracebridge Capital	25	94		286						404
Boothbay Fund Management LLC	65	139	51		49					304
Morgan Stanley	251									251
Ark Investment				192						192
Aristeia Capital		152								152
Wisconsin Investment Board	60	92								152
HBK Investments	14	0	50	19	24					106

출처 : 신영증권 리서치

트코인 신탁상품에서 ETF로 전환한 경우이기 때문에 적절한 비교를 위해 제외했다. 가장 오래되고 대표적인 금 ETF(GLD)를 보유한 기관투자자가 2,229개인 것을 감안하면 '디지털 금'으로 불리는 비트코인 ETF(블랙록 IBIT)에 참여한 기관 숫자는 금 ETF(GLD)의 18% 수준이다.

비트코인 ETF가 상장이 된 지 6개월이 지났다. 기관투자자들은 아직도 머뭇거리고 있다. 실제로 11개 비트코인 ETF에서 기관 투자자의 비중은 약 20%에 불과하다. 나머지는 개인 투자자다. 금 ETF에서는 40%가 넘는 비중이 기관 투자자다. 본격적인 기관 투자자 유입은 아직 시작되지 않았지만, ETF를 보유하고 있는 상위 10개의 기관을 보면 단연 눈에 띄는 곳이 있다. 바로 위스콘신 연기금이다.

위스콘신 연기금은 최근 비트코인 ETF에 1억 5,200만달러를 투자하여 보유하고 있다(2024년 1분기 기준). 이는 비트코인 시장에 대한 상당한 금액의 투자로 보이지만, 위스콘신 연기금의 전체 자산 규모에 비하면 약 0.08% 정도에 불과하다. 미국에는 수백 개의 연기금이 존재하는데, 위스콘신 연기금은 약 1,800억 달러의 운용 자산을 보유한 상위 연기금 중 하나다. 이러한 상황을 보면서 한 가지 확실한 결론을 내릴 수 있다. 기관 투자자들은 아직도 신중하지만 그들의 참여가 본격화되면 비트코인 시장은 또 한번 큰 변화를 맞이할 것이다. 지금은 그 변화의 전초전일 뿐이다.

05

한국에서도 비트코인 ETF는 승인될 것이다

➡️ 비트코인은 물리적으로 강탈할 수 없는 자산이다. 그러나 정부는 개인이 자산을 직접 소유하기보다는 간접적으로 소유하고, 그 자산들을 장부로 관리하기를 원한다.

예를 들어보자. 예금은 은행에 들어가 있으며 은행 장부에 기록되어 있다. 현금 지폐는 직접 소유할 수 있지만, 은행에서 고액의 현금 출금을 쉽게 할 수 없다. 주식도 증권사를 통해 권리를 사고팔아야 하며, 예탁결제원에 장부로 기록되어 있다. 부동산은 내가 물리적으로 주거하고 있지만 등기(장부)로 관리되고 있다. 부동산세(재산세, 종합부동산세)를 내지 않으면 물리적으로 압류되기 때문에 장부로 관리되고 있는 것이 맞다. 금 또한 실물로 보유할 수 있으나 운반과 보관 비용이 많이 들기 때문에 대부분의 개인은 금 예금, ETF, 파생 상품 등 장부상의 금을 가지고 있다.

앞서 말했듯 정부는 이러한 자산들을 장부로 관리하기를 원한다. 그들은 개인의 자산까지 통제하려 든다. 그 이유는 자산을 추적할 수 있고 그것을 통해 국가를 운영하는데 있어 경제, 정치, 외교 정책을 펼칠 수 있기 때문이다.

그러나 비트코인은 정부가 원하는 방향과 다른 성질을 지니고 있다. 정부 또한 이를 잘 알고 있기에 비트코인을 더욱 물리적으로 강탈하길 원한다. 하지만 앞에서 설명했듯이 이는 불가능한 일이다. 그래서 정부는 그들 입장에서 비교적 간단한 방법으로 이 문제를 해결하려 하고 있다. 바로 제도권 편입이다.

21년 10월 28일 국제자금세탁방지기구(이하 FATF)는 일명 '트래블

룰'을 확정지었다. 트래블룰이란 비트코인을 전송할 수 있는 대상을 신원이 확인된 자(기관 포함)로 한정하는 걸 말한다. 이로 인해 정부는 자금의 흐름을 보다 쉽게 파악하고 자신들의 관리 하에 통제할 수 있게 됐다. 현재 한국의 모든 거래소는 이를 따르고 있다.

2021년 11월 3일에는 미국의 코인베이스 거래소가 비트코인 담보대출을 시작하였다. 이로써 미국의 코인베이스 거래소는 미국 증권거래위원회의 규제를 따르는 거래소로 제도권에 한 발짝 더 가까워진 것이다. 이것은 개인이 소유한 비트코인을 거래소에 맡기게 되며 소유권을 이전한 것과 같다. 앞서 언급한 은행예금과 동일해지는 것이다.

심지어 2020년 9월 17일에는 미국의 크라켄 거래소가 은행 설립인가를 취득하기도 하였다. 이것으로 거래소의 간접 소유와 담보대출이 은행의 역할로 가능하다는 것이 확인되었다. 정확히는 거래소가 은행이 돼버린 것이다.

한 기사에 따르면 이미 2020년 미국통화감독청OCC은 은행의 비트코인 수탁 서비스를 허용했었다. 그리고 대한민국의 주요 시중은행들도 수탁 서비스 사업을 시작하였다. 다만 은행법 37조에 따라 은행은 다른 회사 의결권이 있는 지분의 15%만 소유가 가능해서 계열사를 통해 새로운 합작법인을 설립하여 사업을 시작하였다.

기업의 경우에도 비트코인을 보유하려면 재무제표에 자산으로 기록할 수 있어야 영업이익이 잡힌다. 그렇지 않으면 주주의 동의를 얻기 어렵다. 비트코인을 매각하지 않았더라도(확정 손실이 아니더라도) 구입 가격보다 가치가 떨어질 경우 손실로 보고해야 하며, 구입 가격보다 상

국내 시중은행 디지털자산 커스터디

승할 경우에는 매각하여 이익이 발생해야만 재무제표에 기록할 수 있기 때문이다. 구입 가격보다 상승한다 하더라도 이익이 발생한 내용은 기록하지 못한다는 뜻이다.

하지만 2023년 12월 13일, 미국 재무회계기준위원회FASB에서 이 기준을 공정 가치 방식으로 변경한다고 발표하였다. 즉 현재 시점의 가격으로 기록할 수 있게 된 것이다. 이제 기업들도 비트코인을 재무제표에 기록할 수 있는 길이 열렸다.

서론이 길었지만 이 모든 것은 ETF(비트코인을 보유하는 현물)를 하기 위한 전제조건이다. ETF는 ETF를 매수하는 비트코인과 동일한 수량을 미리 고시한 거래소나 기업에 수탁해야 하기 때문이다.

앞에서 말했듯 비트코인은 물리적으로 강탈이 불가능하다. 그런 비트코인을 가장 합법적으로 강탈하는 방법은 이미 찍어낸 법정 화폐로 교환하는 것이다. 이는 굳이 강제하지 않아도 비트코인을 지닌 개인들이 자연스럽게 가격이 오르면 이를 법정 화폐로 교환하려고 하기 때문이다.

ETF가 승인되면 비트코인의 가격이 오른다는 의미가 아니다. 다만, 회계 기준이 변경되었으므로 기업들도 손쉽게 비트코인을 간접 보유할 수 있게 되는 길이 열리게 되니 보유하려는 수요가 늘어난다는 것이다. 금 ETF가 그랬듯이 말이다.

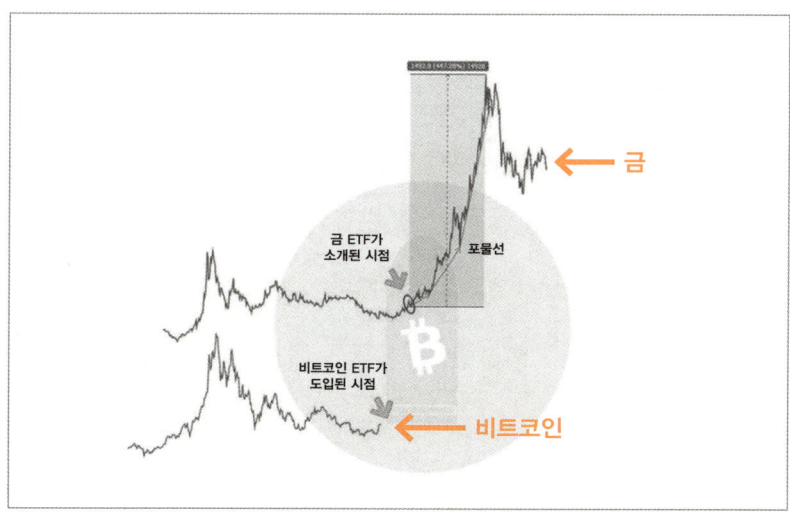

첫 ETF 승인 후 상승한 금 가격과 비트코인 비교

결국, 개인은 어렵게 소유한 비트코인을 법정 화폐로 매도하면서 넘기게 될 것이며, 기관들은 교환 수수료를 챙기고, 정부는 통제 관리 가능한 비트코인 ETF상품을 간접 보유하며 모니터링 하게 될 것이다.

PART 4.

반드시 승리하는 비트코인 투자법: 세이빙 테크 (Saving Tech)

01

왜 내가 사면 떨어지고, 내가 팔면 올라갈까?

➡️ 난 지금까지 80여 년간 증권계에 몸담아 왔지만, 장기적으로 성공한 단기 투자자를 본 적이 없다. 은행과 브로커들은 그들 고객을 단기 투자자로 만들기 위해 별의별 수단을 다 쓴다.

– 앙드레 코스톨라니 André Kostolany

유럽의 '워런 버핏'이라고 불리는 앙드레 코스톨라니의 말이다. 그는 자신의 경험을 통해 단타 전략으로는 결국 성공하지 못한다고 말했다. 그의 말처럼 어떤 투자자도 피해 갈 수 없는 저주가 하나 있다. 특정 자산을 사면 바로 가격이 떨어지는 것이다. 이건 그저 운이 나빠서 벌어진 일이 아니다. 투자자가 시장에 뛰어들었을 때는 대개 상승장이 끝나갈 때이고, 이미 가격이 오른 후이기 때문이다.

이때쯤이면 옆집 아주머니도 자신의 투자 성공담을 확신에 찬 목소리로 전한다. 그리고 유튜브나 TV 뉴스에도 해당 자산의 가치 상승 이유를 분석하는 전문가들로 넘쳐난다. 일반적인 사람이라면 바로 이때, 투자 결정을 내린다. 이처럼 대부분의 사람들이 가격 상승을 보고 시장에 들어가기 때문에 '사자마자 가격이 내려가는' 저주에 걸리게 되는 것이다. 그래서 적립식 투자든 아니든 처음 시장에 진입하면 누구나 기나긴 하락장을 직면하게 된다.

우리가 투자를 할 때 먼저 인정해야 하는 사실이 있다. 시장의 단기적인 가격 흐름을 계속 맞출 수는 없다는 것이다. 단기 가격 예측은 철저히 운의 영역이고, 거듭할수록 손실액이 늘어날 수밖에 없다. 오랜 역사를 가진 주식 시장에서는 단기 가격 예측을 위한 다양한 모델이 실험되었다. 하지만 머신러닝 모델이나 데이터 기반 예측, 고주파 금융 데이터를 활용한 방식 등 다양한 시도에도 불구하고 대부분의 성공률은 50%에 미치지 못했다.

이는 결국 몇 번은 운으로 단기 가격 흐름을 맞출 수 있지만, 그 횟수를 거듭하면 단순한 주사위 던지기와 다르지 않다는 것을 의미한다. 이기는 투자를 하려면, 그리고 지지 않는 투자를 하려면 그 자산의 기본 가치를 보고 좋은 자산을 찾는 데 집중해야 한다. 투자 공부란 어떤 자산이 앞으로 5년, 10년간 가치를 유지할지 파악하는 데 필요한 통찰력을 키우는 과정이다. '좋은 자산을 찾아 장기 투자하는 것!' 이것이 바로 투자의 핵심이다.

하지만 유독 코인 투자에서는 실패의 방정식이 더 자주 반복된다. "코인은 다른 자산들에 비해 가치를 평가하기 참 어렵다", "가격이 오르고 떨어지는 이유를 모르겠다"라는 말들을 주변에서 많이 듣는다. 이것을 이유 삼아 대부분의 코인 투자자들은 한탕을 노리는 우를 범하고 있다. 때로는 성공하겠지만 그 짧은 성공이 장기적인 큰 실패의 초석이 될 확률은 매우 높다. 더 나아가 투자란, '미래의 이익을 추구하며 현재의 시간과 자원을 투입하는 행위'다. 그러기 위해 장기적으로 가치를 보존하는 대상을 찾고 그 자산을 꾸준히 모아가는 행위로 연결되어야 한다. 이 통찰력을 키우는 과정이 바로 투자 공부다.

02

비트코인 투자에서 배우는 교훈 : 손정의, 마이클 세일러 그리고 제레미 스터디번트

2019년 4월 월스트리트 저널The Wall Street Journal에 올라온 헤드라인이다.

"SoftBank Founder Masayoshi Son Lost $130 Million on Bitcoin."

소프트뱅크의 손정의 회장이 비트코인 투자로 1,400억 원대 손실을 본 사실을 보도한 기사다. 손정의 회장이 비트코인을 정확히 얼마나 매수하고 매도했는지 그에 대한 가격은 알려져 있지 않다. 하지만 주요 미디어에 따르면 2017년 말 비트코인이 2만 달러에 근접할 때 이를 매수하고 2018년 초에 매각한 것으로 알려져 있다. 기사 내용을 바탕으로 손실 금액 그리고 당시의 가격을 감안했을 때 2~3만 개 정도의 수량을 매수한 것으로 예상된다.

그로부터 2년 정도가 지난 2020년 6월, 현재 단일 기업으로는 비트코인을 가장 많이 보유하고 있는 마이크로 스트레티지의 의장 마이클 세일러Michael Saylor가 등장한다. 그는 초기에는 비트코인 회의론자였다. 2013년 12월 그는 비트코인을 "단지 온라인 도박에 불과하다!"라고 폄하했었다.

하지만 그는 비트코인의 가치를 제대로 깨닫게 되었다. 그가 CEO로 있던 마이크로 스트레티지는 2020년 8월 나스닥 상장사로는 처음으로 21,454 BTC를 매수하면서 나스닥 상장사 중 처음으로 비트코인 보유 전략을 채택한다. 손정의 회장이 매수했던 2017년처럼 2020년에도 비트코인은 디지털 금, 가치저장의 수단으로 주목받으면서 열풍을 일으키던 시기였다.

그러나 비트코인 마켓은 짧은 상승장과 긴 하락장이 항상 함께한다. 2014년, 2018년, 2022년 모두 직전년도의 상승한 폭을 상당 부분 반납하는 하락장이었다. 이러한 잔혹한 하락장에도 마이크로 스트레티지는 꾸준하게 DCA(평균단가 매수법)를 이어가면서 비트코인을 축적했다. 현재 이 회사는 비트코인 전체 발행량의 1%가 넘은 226,500BTC를 보유하고 있으며 미실현 손익은 50억 달러가 넘는다. 2020년 8월 비트코인 전략을 채택한 이후 주가는 무려 10배 상승했다.

비트코인은 단지 일찍 매수한다고 해서 성공을 보장하지는 않는다. 비트코인의 가치를 제대로 이해할 때만 이를 지킬 수 있는 힘이 생긴다.

'비트코인은 단지 가치를 모르는 자들에게서 가치를 아는 자들의 손으로 이동할 뿐이다.'

비트코인은 구매하는 것보다 지키는 것이 더 어렵다는 이 말을 가슴 깊이 새겨야 할 것이다.

2010년 5월 22일 비트코인 커뮤니티에서는 피자 두 판에 비트코인 1만 개를 거래하는 중요한 사건이 생긴다. 훗날 비트코인이 처음으로 상품과 교환되었던 날로 기록되어 '비트코인 피자데이'라고 불린다. 그렇다면 피자 두 판을 팔고 1만 개의 비트코인을 받은 사람은 과연 누구이며, 어떻게 되었을까? 궁금하지 않은가? 이 이야기의 주인공은 바로 제레미 스터디번트 Jeremy Sturdivant라는 사람이다. 그가 1만개의 비트코인을 아직까지 갖고 있을까?

그는 2015년 인터뷰에서 밝히기를 비트코인을 받은 얼마 지나지 않아 매도했다고 밝혔다. 2010년 당시 1만 개의 비트코인을 약 41달러의 가치였는데 그것보다 몇 배 정도의 이익을 얻고 판매했을 것으로 추정된다. 어쩌면 2~3배 정도의 이익이 났을 때 행복해하며 매도하는 것이 합리적으로 보일 수 있다.

하지만 비트코인의 본질과 가치를 제대로 이해했다면 더 지혜로운 결정은 그때 전량을 매도하지 않고 대부분 또는 일부 보유를 했을 것이다. 이후 비트코인 가격이 100달러, 1000달러, 1만 달러 그리고 10만 달러에 가까워지면서 그가 다시 비트코인을 매수했을 가능성은 낮다. 인간의 심리가 원래 그런 것이기 때문이다.

03

그리스 신화, 탄탈로스의 지옥 이야기

그리스 신화에서 탄탈로스는 제우스의 아들로, 신들의 총애를 받아 신들과 함께 식사할 수 있는 특권을 가진 인간 왕이었다. 하지만 그는 신들의 신뢰를 배반하고 끔찍한 죄를 저지른다. 가장 악명 높은 범죄 중에 하나를 꼽자면 자신의 아들 펠롭스를 살해하고 그의 살을 요리해서 신들에게 제공한 것이다. 이로 인해 신들은 분노하고 탄탈로스에게 가장 고통스러운 형벌을 내린다.

그렇게 탄탈로스는 물이 목까지 찬 지하 세계에서 굶주림과 목마름을 동시에 느끼는 형벌을 받게 된다. 그가 목이 말라 입을 벌려 물을 마시려고 할 때마다 물은 마법처럼 사라져 그의 입술에 닿지 못한다. 그뿐만이 아니다. 그의 주변은 달콤한 과일이 주렁주렁 매달린 나무로 둘러싸여 있었다. 하지만 탄탈로스가 손을 뻗을 때마다 바람이 나뭇가지를 밀어내어 그의 손길이 닿지 못하게 했다. 탄탈로스는 그렇게 물도, 음식도 영원히 맛볼 수 없는 절망적인 굶주림과 목마름 속에서 고통을 받았다.

탄탈로스의 지옥에서 겪는 이 고통은 단기적으로 큰 이익을 추가하는 많은 투자자들의 경험과 유사하다. 큰 이익이 손에 닿을 듯하여 사면 바로 그 가치가 떨어지고, 이에 실망해 판매하면 가치가 다시 상승해 투자자들을 괴롭히는 것처럼 말이다.

이러한 일들은 코인 투자에서 초기에 몇 번의 성공을 경험한 이들에게 특히 잘 나타난다. 큰 부를 지닐 수 있는 기회가 바로 눈앞에 있다고 생각하며 환상을 얻게 되는 것이다. 이로 인해 사람들은 더 큰 리스크를 감수하게 만드는데, 이것이 때로는 무리한 대출로 이어지기도 한다. 하지만 실제로 투자를 하면 시장의 변동성 때문에 이익을 실현하기는커녕 대부분의 자본을 잃는 경우가 많다. 탄탈로스가 물과 과일을 눈앞에 두고도 맛볼 수 없듯이 투자자들은 큰 이익을 얻을 수 있을 것 같은 환상에 사로잡혀 있지만 실제로는 그 기회가 항상 손에 닿지 않는 곳으로 멀어져만 간다.

그리스 신화 속 탄탈로스는 신들의 처벌에서 벗어날 수 없었지만, 우리는 자신만의 투자 철학을 세워 이러한 패턴에서 벗어날 수 있다. 중요한 것은 '장기적 관점'을 유지하는 것이다. 투자 결정을 내릴 때 단기적 시장 변동에 휩쓸리지 않고 철저히 장기적 가치와 성장 가능성 기반으로 전략을 세우는 것이다. 포트폴리오를 다양화해서 리스크를 체계적으로 관리하는 것도 중요하다. 이러한 접근을 통해서 우리는 탄탈로스의 고통에서 벗어나 진정한 투자의 성공을 경험할 수 있는 자신만의 투자 철학을 만들어야 한다.

04

왜 적립식 투자인가? :
장기적인 시각이
중요하다

2017년 한 해 동안 비트코인은 무려 20배나 상승하는 기적을 보여줬다. 이 시기는 단순히 암호화폐의 가격 상승뿐만 아니라 블록체인 기술이 미래를 어떻게 변화시킬지에 대한 광범위한 환상이 펼쳐진 때였다. 매일 새로운 암호화폐가 등장했다. 각각의 기술력을 모두 판단할 수는 없었지만, 대체로 세상을 바꿀만한 기술과 비전이라는 이름으로 시장에 뛰어들었다.

돌이켜보면 투자자에게 환상을 심어주려 한 노력은 그때나 지금이나 변한 것이 없다. 프로젝트 팀 구성은 또 얼마나 화려하던지, 세상의 똑똑한 사람들은 이 분야에 다 모이는 것 같기도 했다. 암호화폐 백서를 함께 공부하기 위한 스터디가 곳곳에서 생겨났고 나 역시 꽤 괜찮은 스터디 그룹을 만들어서 공부하고 서로 지식을 나누고 또 투자를 이어갔다. 종종 이해하지 못하는 복잡한 기술 용어들에도 불구하고 그들이 지닌 혁신적인 가능성에 매료되곤 했다.

하지만 백서에서 제시하는 비전들은 너무나도 미래 지향적이어서 현실과 동떨어진 뜬구름 잡는 이야기처럼 들릴 때도 있었다. 끊임없이 상승하는 가격은 이 모든 기술적인 환상들을 정당화했다. 당시에도 AI를 블록체인 기술과 결합하려는 프로젝트들이 등장했고, 사물 인터넷IoT을 도입하려는 팀도 있었다. 중국 정부와 밀접한 관계를 내세우는 프로젝트도 있었으며 글로벌 금융 송금 시스템인 SWIFT를 값싼 수수료로 대체하겠다는 야심 찬 계획을 세운 팀들도 많았다.

인상적으로 기억에 남는 팀 중 하나는 '센트라'라는 프로젝트였다. 센트라는 비자, 마스터카드와 연동되어 코인을 사용할 수 있게 카드를 제공하는 플랫폼이었다. 당시에 코인으로 실제 결제가 가능하다는 점은 엄청난 마케팅 포인트로 작용했다. 이 프로젝트는 미국에서 시작해서 한국과 아시아에서 큰 자금을 조달했다.

하지만 안타깝게도 이 프로젝트는 사기였다. 센트라의 대표는 한국에서 열리는 한 콘퍼런스에 참여하기 위해 이동하던 중 미국 경찰에게 체포되어 100년 형을 선고받고 현재 감옥에 있다. 이 사건은 넷플릭스에서 다큐멘터리가 제작될 정도로 주목을 받았다. 그 당시 필자는 이 암호화폐를 블록체인 강의에서 결제 코인의 한 예로 소개하기도 했었다. 이제는 그 사실이 부끄럽다. 이러한 실패와 오류를 통해 배운 점들은 투자와 기술평가에 있어서 더 신중하게 접근하도록 도와주었다.

당시 나는 '블록체인 아카데미'라는 교육 비즈니스를 운영하고 있었다. 누구보다 열심히 공부했고, 알게 된 내용을 나누었다. 그러다가 사람들에게 정보를 제공한 암호화폐의 가격이 다음날 상승이라도 할 때면 도파민이 솟구치곤 했다. 가끔은 내 실력을 과신하기도 했다. 하지만 훗날 깨달았다. 그때는 그저 운이 좋았다는 것을. 그 당시 상황이라면 제대로 된 공부도 하지 않고 그저 이름 예쁜 암호화폐를 골랐어도 올랐을 것이다. 내가 실력이 좋아서 코인을 잘 선택했다기보다는 그냥 상승장이어서 무엇을 선택해도 오를 수밖에 없었던 시장이었다.

실제로 2017년은 김치 프리미엄이 50%에 육박했던 때였다. 예를 들어 해외에서 비트코인이 1,000만 원일 때 한국에서는 같은 비트코인이 1,500만 원에 거래가 되었다. 그만큼 한국 시장이 과열이었다는 것을 알 수 있다. 지금은 5%만 되어도 김치 프리미엄이 높다면서 벌벌 떠는 실정인데, 당시에는 왜 그렇게 문제의 심각성을 인지하지 못했는지 반성한다. 그 시절 필자는 분명 시장에 취해있었다.

아래는 필자가 집필했던 《당신의 지갑을 채울 디지털화폐가 뜬다》라는 책의 내용이다. 2017년의 암호화폐 열풍 때 수요자와 공급자의 입장에서 아래와 같이 소회를 적었었다. 이를 인용해 본다.

당신이 투자자라면 매일 상승하는 가격을 보고 대박을 놓쳤다는 공포fomo가 계속 쌓였을 것이다. 비트코인 백서를 보고, 이더리움 백서를 읽고도 그 내용이 직관적으로 이해되지 않을 때가 많다. 그냥 좋은 얘기 같고 미래의 주요 기술이 될 것만 같다.

그사이 그런 것조차 모르는 친구들이 돈을 버는 걸 보게 된다. 모르는 것이고 생소한 것이라 처음에는 무시한다. 그러던 중에 몇몇 지인들이 은퇴자금을 마련하고 회사를 그만두는 것을 알게 된다. 그 뒤에는 내가 그것에 대해서 알거나 말거나 상관없이 주위에서 들려오는 노이즈들을 듣고 투자하게 된다. 그리고 그 노이즈(소음)가 시그널(정보)일 것 이라는 착각에 빠진다. 하지만 늘 그랬듯 그 시점은 최고가이고 이후 폭락하는 그래프만 보게 된다. 그러한 수요자의 비합리적인 행동들은 새로운 암호화폐를 발행하는 공급자들에게 도덕적 해이를 촉진하는 환경을 제공했다.

"대부분의 암호화폐 가격이 왜 이 모양이냐?"라고 묻는다면 나는 이렇게 대답할 것이다. 그들의 '도덕적 해이' 때문이다. 이미 수요자는 비합리적인 행동을 하기 시작했고 뭔지 몰라도 복잡하고 있어 보이는 것이라면 투자해야 한다는 믿음이 생기기 시작했다. 암호화폐를 발행하는 공급자의 기본 모델은 서비스의 개발 자금을 마련하기 위해 토큰을 일부 선판매하는 것이다. 창립자는 보통 그중 일부를 보유한다. 기부라는 말을 공공연하게 할 만큼 이 코인 자금 조달 방식 ICO_{initial coin offering}는 주식을 발행하는 것도 아니고 빚을 지는 것도 아니며 결과적으로 돌려줄 법적 의무가 없는 자금을 모으는 수단이 되곤 한다.

이는 과거의 다른 금융 거품, 예를 들어 90년대의 닷컴 버블과는 다른 더욱 매력적인 조건을 제시하며 많은 기업가가 암호화폐 발행에 뛰어들게 만들었다. 이러한 시장 환경은 초기 암호화폐 시장을 욕망으로 가득 차게 만들었으며 이는 결국 많은 투자자에게 큰 손실을 안겨주었다.

파티는 끝났다 : 왜 나는 현금으로 미리 바꿔두지 않았을까?

2011년 개봉한 영화 〈마진 콜〉은 2008년 금융 위기와 리먼 브러더스의 붕괴를 다룬 배경의 영화이다. 영화에서 투자은행의 리스크 관리 부서 책임자인 샘 로저스는 임원들과 회의를 하고 창밖을 내다보며 이렇게 독백한다.

"파티는 끝났다."

지난 시간 파티를 즐겼던 월스트리트 금융 자본들의 탐욕이 이 시스템 전체를 무너뜨리기 일보 직전까지 갔었다. 2018년 한해는 가격이

-85%까지 하락하고 있었지만, 그해 중반이 지날 때까지 파티가 끝나고 있는 줄 인지하지 못했다. 곳곳에서는 실제로 크립토 업계의 파티들도 연이어 계속되고 있었다. 모두가 2017년의 가격 상승에 취해있었다.

그 시점에서 '스마트 머니'들은 시장의 위험을 감지하고 조금씩 시장을 빠져나가기 시작했다. 반면 대다수의 개인 투자자들은 여전히 시장의 열기에 휩싸여 있었고, 이는 그들이 큰 손실을 볼 위험을 높였다. 필자도 그중 한명이었다.

2019년이 되면서 나는 지난 한 해 동안의 투자 실패를 되돌아보며 중요한 교훈을 얻었다. 전년도의 시장은 모두가 음주에 취한 것처럼 비이성적이었다. 필자 역시 마찬가지였다. 왜 그 순간에 비트코인을 현금으로 전환하지 않았는지 후회한다. 또한, 내가 보유한 암호화폐가 장기간 보유할 가치가 있는 것인지 스스로에게 더 진지하게 묻지 않았음을 후회한다. 실제로 2019년, 나는 주변 지인들을 만나며 우연히 그들의 거래소 계정을 볼 때면 대부분의 수익률이 -99%에 이르렀다는 사실을 쉽게 확인할 수 있었다.

2017년의 불장은 너무도 화려했고, 이는 나를 비롯한 많은 이들을 현혹시켰다. 필자는 꿈에 부풀어 1~2년 이내에 은퇴할 계획까지 세웠지만, 이는 명백한 실수였다. 더 장기적 관점을 가졌어야 했다. 단기간에 큰 수익을 노리고, 욕망을 억제하지 못했다. 이러한 경험은 투자가 어떤 것인지, 그리고 투자로 성공하기가 얼마나 어려운지를 깨닫는 계기가 되었다.

투자는 어렵다. 투자로 성공하는 것은 더 어렵다. 하지만 그 어떤 어려운 일에도 모두가 배우고 활용할 수 있는 단순하고 직접적이며 치명적이고 효과적인 전략이 존재한다. 이러한 전략들은 우리 모두에게 적용될 수 있으며 올바르게 활용된다면 큰 도움이 될 것이다.

장기투자의 힘과 적립식 투자의 지혜

투자의 본질은 종종 빠른 이익을 추구하는 유혹에 맞서는 것으로 간주될 수 있다. 아마존닷컴의 창업주이자 미국을 대표하는 기업인 제프 베조스Jeff Bezos가 워렌 버핏에게 다음과 같은 질문을 한 적이 있다.

"당신의 투자 원칙은 이토록 단순한데, 왜 모두가 이를 쉽게 따라 하지 못할까요?"

버핏은 이렇게 답했다.

"사람들은 천천히 부자가 되는 것을 원하지 않기 때문이죠."

버핏의 투자 전략의 핵심은 좋은 자산을 오랜 기간 보유하는 것이다. 우리가 가장 선호하는 보유 기간은 '영원히'라고 말할 정도였다. 투자라는 분야에서 가장 핵심적인 개념은 무엇일까? 바로 '장기long-term'이다.

투자의 세계에는 다른 분야와는 비교할 수 없을 정도로 많은 유혹이 있다. 그리스 신화에서 세이렌들은 아름다운 노래로 끊임없이 선원들을 유혹했고 파멸에 이르게 했다. 보다 못한 오디세우스는 선원들에게

밀랍으로 귀를 막게 하는 조치를 취했다. 더불어 자신을 배 돛대에 묶어 놓고 세이렌의 노래에 유혹되지 않으려고 노력했다. 투자 시장에서 단기적인 투자 유혹은 마치 세이렌의 매혹적인 노래와 같다. 장기long-term라는 핵심 개념을 제대로 이해하지 못한 사람들은 단기적인 투자 유혹에 쉽게 넘어가며 많은 투자자들은 이로 인해 실패를 경험한다.

적립식 투자 전략이 이상적인 이유는 바로 이러한 장기 보유 전략을 가장 효과적으로 실행할 수 있기 때문이다. 심지어 버핏조차도 타깃 종목을 한 번에 사들이는 일은 드물다. 그는 목표 지점까지 충분한 시간을 들여 접근한다. 적립식 투자 전략을 실행하는 사람들도 이처럼 긴 시간에 걸쳐 정기적으로 자산을 매입하며 보유한다.

적립식 투자는 그 자체로 유효한 전략이다. 적립식 투자는 단순하지만 꼭 쉽지만은 않다. 쉽지는 않지만 꾸준히 하기만 한다면 실패하지 않는 투자로 승화시킬 수 있다. 시장 붕괴 직전 최악의 시점에 투자를 시작했다고 하더라도 적립식 투자 전략을 이행한다면 시장이 회복되기도 전에 수익을 발생시킬 수도 있다.

하락장은 상승장보다 훨씬 더 길게 지속된다. 하락장은 언제나 매우 길며, 이에 반해 상승장은 언제나 턱없이 짧다. 적립식 투자에서 발생하는 대부분의 수익은 하락장에서 어떤 행동을 하느냐에 따라 결정된다. 상승장에서 시장에 진입한 대부분의 '투자자'들은 결국 빈털터리가 될 확률이 높다. 그들이 알아차리기도 전에 짧았던 상승장은 끝나고 기나긴 하락장이 시작된다.

반면, 적립식 투자자들은 하락장을 통해 좋은 자산을 축적해 나간다.

하락장이 찾아오면 투자 종목의 가격이 떨어지더라도 실망하거나 겁내지 않고, 오히려 기뻐하고 즐거워한다. 해당 종목을 더 싸게 살 기회가 왔음을 알기 때문이다. 이들의 의사 결정 방식은 나머지 세상과는 정반대라고 할 수 있다.

적립식 투자 전략은 투자 시장뿐만 아니라 학업, 일, 가족 관계 등 모든 중요한 생활 영역에서 적용이 가능하다. 실제로 평생 학습 역시 적립식 투자 전략의 일종이라고 볼 수 있다. 꾸준히 지식과 기술을 축적해 나가는 과정은 장기적으로 커다란 가치를 창출하는 방법이다. 어쩌면 적립식 투자는 꿈은 크지만 가진 자원이 많지 않은 사람에게는 더없이 좋은 투자 전략이기도 하다.

남미의 엘살바도르는 이 전략을 국가 차원으로 실행하고 있다. 엘살바도르는 여느 남미의 국가들처럼 자국 통화가 망가졌다. 현재는 달러를 법정 화폐로 쓰고 있는 국가이고, 국가에 기간 산업이 너무 빈약해서 성장의 모멘텀을 찾기가 힘들다. 젊은 친구들은 마약 중개나 갱단에서 많이 활동하는데, 그 근간에는 국가의 이러한 빈약한 자원과 미래에 불확실성에 있다.

엘살바도르의 젊은 대통령 부켈레는 위에서 말한 원리를 잘 실행한다. 꿈은 크지만 자원이 풍부하지 않은 국가로서 적립식 투자 전략을 실행한다. 엘살바도르는 매일 1BTC를 매입하는 전략을 취하고 있다. 그들의 지갑도 공개되어 있어 어느새 벌써 6,000BTC에 가깝게 모으고 있다. 이러한 전략은 훗날 엘살바도르가 적어도 경제적인 여건에 있어서는 많은 도움을 줄 것이다.

05

매달 적금처럼
비트코인을
모았다면?

적립식 투자 종목을 선택할 때 단 한 가지의 중요한 기준을 정하라면 장기적으로 지속적으로 성장하는 종목이어야 한다.
- 운명을 바꾸는 적립식 투자, 이소래

적립식 투자는 무척 간단한 개념이다. DCA_{Dollar Cost Averaging}라고도 하는 이 방법은 장기간에 걸쳐 일정한 금액을 꾸준히 특정 자산에 투자하는 전략을 말한다.

비트코인과 같은 디지털자산 시장은 비트코인 반감기라는 기술적 특성으로 인해 대략 4년마다 가격 추세가 형성되어 왔다. 예를 들어 2013년, 2017년, 2021년이 강세장이었으며 나머지 기간은 주로 횡보하거나 하락세를 보였다. 지금까지 비트코인 시장은 4년 주기의 순환 사이클을 보이고 있는데 다른 자산에 비해 상대적으로 짧은 사이클을 갖는다는 점은 투자자에게 매력적으로 작용할 수 있다.

일반적으로 장기 투자라고 할 때, 특정 자산에서 두 번의 사이클을 경험하는 것을 의미한다. 암호화폐 시장을 예로 들면, 이는 대략 8년이 될 것이다. 비트코인의 역사가 아직 15년밖에 되지 않아 8년 동안의 적립식 투자는 과도한 수익을 예상할 수 있으므로 한 번의 사이클인 4년 동안 적립식 투자를 했다면 그 수익률은 어떠했을지 살펴볼 필요가 있다.

비트코인 적립식 투자는 DCA_{Dollar Cost Averaging} 전략의 일환으로 정기적으로 동일한 금액을 투자하여 비트코인을 구매하는 방식이다. 2015년부터 시작된 시뮬레이션 결과 투자 시작 시점에 따라 수익률이 상당히 달라짐을 확인할 수 있다.

4년간 진행되는 비트코인 적립식 투자 DCA

딱! 4년만 적립식 투자 해보자 (영끌 금지)

진입 시점	종료 시점 (4년)	최종 수익률	연간 수익률(CAGR)
2015.1.1 (회복1)	2018.12.31	479%	55.12
2016.1.1 (회복2)	2019.12.31	404%	49.8%
2017.1.1 (상승장시작)	2020.12.31	438%	52.3%
2018.1.1 (하락장 시작)	2021.12.31	443%	52.7%
2019.1.1 (회복1)	2022.12.31	35% 555%(~21.11, 35개월)	7.8% (91.2%)
2020.1.1 (회복2)	2023.12.31	115% 417%(~21.4, 16개월)	21.1% (243.9%)
2021.1.1 (상승장시작)	2024.3.31 (현재)	**120% (39개월)**	21.46%

출처 : 비트세이빙

예를 들어 2015년 1월 1일부터 매주 투자를 시작했을 경우 4년 후인 2018년 12월 31일에는 479%의 수익률을 달성했으며, 연간 복리 수익률CAGR은 55.12%에 달했다. 2016년, 2017년에 시작한 투자는 각각 404%와 438%의 수익률을 기록했다. 2018년에 시작한 투자 역시 4년 뒤에는 443%의 수익률이 기록하면서 4년 투자 시 항상 5배 이상의 수익률을 거두기도 했다.

투자 시작 시기가 2019년과 2020년이었을 때도 흥미로운 결과를 보였다. 2019년 1월 1일 시작한 투자는 4년 후 35%의 수익률을, 2020년 1월 1일에 시작한 투자는 4년 후 115%의 수익률을 보였다. 이는 지난 기간 수익률에 비해서 작아 보이기는 하지만 2019년 시작한 투자는 35개월 차에 555% 수익률을, 2020년에 시작한 투자는 16개월 차에

417% 수익률을 달성한 것을 보면 결코 작은 수치가 아니다. 또한, 적립식 투자는 특성상 끝나는 지점의 가격에 따라 최종 수익률의 영향을 받지만, 어느 정도의 장기간 적립식 투자 시에 좋은 성과를 내는 것에는 변함이 없다는 것을 알 수 있다.

2021년 1월 1일에 시작한 투자는 아직 4년이 채워지진 않았지만, 2024년 3월 31일을 기준으로 120%의 수익률을 보이고 있다.

이러한 데이터는 비트코인 적립식 투자가 시장의 단기 변동에 크게 흔들리지 않고 장기적으로 높은 수익을 기대할 수 있음을 보여준다. 특히 비트코인 반감기 주기와 같은 기술적 요인이 시장 가격 추세에 영향을 주는 경우 적절한 시점에 투자를 시작하고 또 꾸준히 유지한다면 심지어 시장이 크게 하락했던 시기에도 결국에는 상당한 수익을 얻을 수 있는 가능성이 높다. 탄탈로스의 이야기와 같이 단기적인 시장의 유혹에 휘둘리지 않고 꾸준히 투자를 이어가는 것이 장기적으로는 더 큰 성과를 가져올 수 있다는 교훈을 얻을 수 있다.

필자가 적립식 투자를 선호하는 이유는 여러 가지가 있는데 확률적인 측면도 크게 작용하고 있다. 일반적인 단타 거래를 예로 들어보자. 성공한 단타 투자를 하려면 매우 낮은 가격에 사서 운 좋게 높은 가격에 팔아야 한다. 이는 저점에서 매수하고 고점에서 매도하는 두 가지를 모두 정확히 맞춰야 한다는 것을 의미한다.

저점 매수는 시장의 온갖 부정적인 소식을 듣고도 buy 버튼을 눌러야 하는 담대함이 필요하다. 그 단계를 넘어서더라도 고점에서 매도하는 것은 또 다른 차원의 능력이 요구된다. 더 상승할 것 같은 기대감 속에서 탐욕을 억제하고 매도하는 것은 쉽지 않다. 투자를 시작할 때는 '적절한 수익을 얻고 매도해야지!'라고 계획하지만, 사람의 심리는 그렇게 단순하지 않다. 하락해서 손실을 보는 것보다 성급하게 매도해서 더 큰 이익을 놓칠 때의 후회가 훨씬 더 크다. 유명했던 드라마 〈재벌집 막내아들〉에 등장하는 백화점 사장인 둘째 딸은 첫 투자에서 일찍 매도해 큰 수익을 놓친 것을 후회했다. 그래서 두 번째 투자에서는 손해가 나고 있는데도 매도를 하지 않아 이후에 되돌릴 수 없을 정도의 큰 손해를 봤다. 그래서 매도는 어렵다. '매도는 예술이다'라는 말이 괜히 있는 게 아니다.

하지만 적립식 투자에서는 이런 복잡함을 피할 수 있다. 언제가 되었든 좋다. 특정 자산에 대한 호기심이 생겼을 때 바로 구매를 시작하라는 것이 필자의 조언이다. 공부를 다 하고 매수하려면 이미 늦을 때가 많기 때문이다. 많은 사람들은 뒤늦게 뛰어들어 조급한 마음에 큰 금액을 한 번에 투자하는 실수를 저지르곤 한다. 이를 피하기 위해 처음부터 차근차근 적립식 분할 매수를 하기를 권한다. 소액이라도 구매를 하게 되면 그 자산에 대한 제대로 된 공부를 할 수 있다. 공부하고 나서 본인의 처음 생각과 너무 다르다면 그때는 언제든지 멈출 수 있다. 설령 그 사이 가격이 하락했다 하더라도 분할 매수를 했기 때문에 그 손실은 충분히 감당할 수 있는 범위일 것이다.

그리고 '내가 투자를 시작할 때는 항상 단기 고점이다!'라는 마음가짐을 가져보는 것도 좋다. 실제 대부분 그런 경우가 많다. 하지만 적립식 매수에서 단기 고점에 시작하는 것이 반드시 나쁜 것만은 아니다. 가격이 조정받아 하락하게 되면 처음 투자 결정을 했을 때보다 같은 금액으로 더 많은 양을 구매하고 있을 것이다. 정리를 하면 적립식투자에 있어 매수 타이밍은 너무 심각하게 고민할 필요가 없다는 것이다.

매수는 언제든 시작하면 되지만, 매도는 타이밍이 무척이나 중요하다. 적립식 투자에 있어서 가장 중요한 자산은 '시간'이다. 매도의 성공 확률은 얼마나 많은 시간을 확보했느냐에 따라 달라진다. 6개월의 시간을 가진 돈과 3년의 시간을 가진 돈의 적립식 투자의 성공 확률은 확연히 다르다. 3년의 시간을 가진 돈이라면 비트코인 적립식 투자는 거의 대부분 승리했다. 그것도 아주 크게 말이다.

필자는 적립식 투자를 하면서 매도 시점만 고려한다. 매도 목표를 수익률로 고려할 때도 있고, 절대적인 가격으로 기준을 삼을 때도 있다. 때로는 온체인 데이터의 특정한 지표로 정교하게 매도 목표를 세우기도 한다.

다음 표를 보면 더 명확하게 알 수 있다. 시간의 힘을 가진 돈이 비트코인의 적립식 투자에서 얼마나 큰 결과를 보이는지 말이다.

투자자마다 단기 투자용 금액과 장기 투자용 금액을 구분해 둘 필요가 있다. 적립식 투자를 할 때 사용하는 금액은 다음 주나 다음 달 가격 변동에 일희일비할 필요 없이 3년 후나 5년 후의 비트코인 가격에 초점을 맞추면 된다. 단기적인 가격의 변동성이야 비트코인을 따라 갈만한 자산이 거의 없고, 하루가 멀다 하고 가격이 상승하거나 하락할 때마다 그 이유가 쏟아져 나오는 것은 반복되는 일이다. 오늘 가격 하락이나 내일의 상승에 너무 집착하기보다는 5년, 10년 후 비트코인의 가격이 100만 달러가 될 수 있는 이유를 탐구하고 고민하는 것이 더 가치 있는 시

기간별 '비트코인' 적립식 투자 수익률(날짜 24. 3. 11)

시작 시기	MVRV	1year	2year	3year	4year	3배 수익율 (도달시점)	3배 (200%) 수익율 (도달기간)
2016.1.1	1.44191529	64.89%	1901.78%	226.12%	391.40%	05/19/2017	16개월
2016.7.1	1.89489678	185.07%	333.23%	452.90%	227.49%	07/28/2017	13개월
2017.1.1	2.30792403	702.19%	33.60%	100.31%	659.43%	10/15/2017	10개월
2017.7.1	2.67497285	13.38%	100.92%	44.39%	355.03%	12/09/2017	5개월
2018.1.1	2.72625214	-39.78%	14.59%	328.40%	395.24%	12/21/2020	34개월
2018.7.1	1.24521623	104.58%	40.22%	321.95%	85.37%	12/20/2020	29개월
2019.1.1	0.87135999	14.47%	253.34%	348.94%	34.18%	12/22/2020	23개월
2019.7.1	2.08216028	6.72%	188.06%	33.24%	85.53%	01/04/2021	18개월
2020.1.1	1.29266855	187.16%	182.82%	-10.38%	111.60%	01/06/2021	12개월
2020.7.1	1.58837834	80.69%	-23.11%	22.87%	164% (3.6year)	02/10/2021	7개월
2021.1.1	3.16093718	2.97%	-48.17%	44.30%	119% (3.2 year)	미도달	
2021.7.1	1.72898806	-51.98%	7.91%	131% (2.6year)		미도달	
2022.1.1	1.95052858	-33.52%	60.60%	150% (2.2year)		미도달	
2022.7.1	0.86387635	39.62%	166% (1.6year)			미도달	
2023.1.1	0.84089106	52.62%	130% (1.2year)			미도달	

출처 : 비트세이빙

간 활용일 것이다.

 지난 5년 동안 비트코인의 가격은 10배 이상 올랐지만 하루하루를 따져보면 가격이 상승하는 날보다 하락하는 날이 더 많은 것처럼 느껴질 수 있다. 이는 비트코인의 가격 상승은 짧은 기간에 큰 폭으로 이루어지고 가격 하락은 지지부진하게 오래 이어지기 때문이다. 이런 패턴이 심리적으로는 투자자들을 더 지치게 한다. 한 번에 사서 오랫동안 보유하기 힘든 이유이기도 하다.

 적립식 투자의 장점 중 하나는 가격이 하락할 때 오히려 더 많은 비트코인을 구매할 수 있다는 것이다. 투자자들이 가격이 하락할 때 오히려 더 안정을 찾곤 한다. 필자가 운영한 적립식투자 커뮤니티에서 루나 사태와 FTX 파산, 그리고 2022년 비트코인이 70~80% 가까이 하락할 때도 나오는 반응을 직접 보며 경험한 것이기도 하다.

이는 장기 투자로 이어지는데 중요한 역할을 한다. 결국 적립식 투자는 가격의 단기적인 변동에 휘둘리지 않고 철저히 장기적인 관점에서 자산을 축적하는 데 초점을 맞춰야 한다. 이것이 적립식 투자의 핵심이다.

06

모으기만
해야 할까?
언제 파는 게
좋을까?

1953년에 발표된 이사야 벌린 Isaiah Berlin이 작성한 에세이 〈The Hedgehog and The Fox〉에는 고슴도치와 여우의 특성에 대한 구절이 나온다.

여우는 많은 것을 알지만 고슴도치는 하나의 큰 것을 안다.

이러한 특성을 인용해 투자전략에서도 고슴도치식 투자와 여우식 투자로 투자 철학이 구분되기도 한다. 고슴도치식 투자는 하나의 큰 투자 아이디어와 원칙을 갖고 장기적인 관점의 투자를 지향한다. 반면 여우식 투자는 많이 아는 것을 바탕으로 다양한 아이디어, 경험, 전략에 개방적이고 새로운 기회를 포착하는 것에 집중한다. 그래서 때로는 너무 많은 변수를 고려하여 결정을 복잡하게 만들기도 하고 더 잦은 매수매도로 연결되기도 한다.

필자는 우리가 투자에 있어 장기적인 관점을 갖기를 반복해서 강조하고 있다. 고슴도치식 투자를 통해 하나의 투자 빅 아이디어를 찾고 그것을 장기 투자할 수 있는 관점은 여전히 중요하다. 이는 비트코인 투자에서 아주 중요한 개념이다.

투자와 자산 관리에서 '기승전부동산'이라는 말을 들어본 적이 있을 것이다. 이는 다양한 자산에 투자한 후 최종적으로 부동산을 통해 부를 쌓아야 한다는 의미로 부동산에 대한 시장의 두터운 신뢰를 반영한다.

비슷한 맥락에서 암호화폐 투자 세계에서는 '기승전비트코인'이라는 말이 있다. 이는 알트코인에 투자하더라도 결국에는 비트코인만한 자산이 없다는 것을 깨닫는다는 뜻이다. 알트코인을 통해 리스크를 감수하는 것이 궁극적으로 비트코인 모으기의 일환임을 시사한다. 2022년의 루나 사태, FTX 거래소 파산 같은 사건을 겪으면서, 투자자들은 시간이 지날수록 많은 알트코인이 장기적으로 생존하지 못한다는 교훈을 얻게 되었다. 결국, 이러한 인식은 점점 더 많은 투자자 사이에서 퍼지고 있다.

시장 변동성이 클 때마다 "비트코인은 도대체 언제 팔아야 할까요?"라는 질문이 자주 제기된다. 방송에 출연할 때마다 진행자는 시장 상황에 따라 가격 전망이나 판매 시점에 관한 질문을 던진다. 시장 분위기가 좋을 때는 "가격이 얼마까지 오를까요?"라고 물어보고, 분위기가 나쁠 때는 "가격이 더 떨어지기 전에 팔아야 하지 않나요?"라고 질문한다.

이는 많은 시청자들이 비트코인의 가격 움직임에 큰 관심을 가지고 있다는 것을 암시하는 것이기도 하다. 잠시 기억을 되살려 보자. 2017년에 비트코인은 20배 상승했고, 다음 해에는 80% 하락했다. 3년 후인 2020년에는 이전 사이클의 가격 고점인 2,000만 원을 넘어섰고, 3개월 후인 2021년 2월에는 6,000만 원을 돌파했다. 그러나 상승세는 5월 '부다빔'으로 불리는 부처님 오신 날 있었던 가격 급락으로 잠잠해졌다. 2022년에는 루나 사태와 FTX의 파산으로 한 해 동안 가격은 70% 하락했다. 연도가 바뀌고 미국에서 비트코인 현물 ETF가 승인되고 나서 2024년 3월에는 2년 3개월 만에 7,000만 원을 넘어서며 기록적인 1억 원까지 올랐다. 이 모든 기간 동안 받은 질문들은 언제나 비슷했다.

"비트코인은 언제 팔아야 할까?" 이 질문에 대한 답을 찾기 전에, 먼저 우리의 관점을 바꿔보자. 투자한 비트코인을 팔아 얼마의 수익을 올렸는지에만 집중하기보다는 '비트코인'이라는 자산을 어떤 다른 자산으로 교환할 것인지 고민해야 한다. 일반적으로 이 질문은 비트코인을 팔아 명목화폐, 특히 대표적으로 달러로 바꾸는 것을 의미한다. 그러나 전 세계에서 가장 강력한 것으로 여겨지는 달러조차도 매년 7~8%의 구매력을 잃고 있다.

비트코인은 지난 10년간 높은 성장률을 보여주었다. 반면에 명목화폐는 다양한 방법으로 시장에 돈을 풀어 인플레이션을 촉진시키고 있다. 비트코인은 이미 총공급량의 94%가 발행되었으며 4년마다 신규발행량이 절반으로 줄어들고 있기까지 하다. 이는 현재 금보다도 낮은 인플레이션율을 의미하며 비트코인이 얼마나 효과적인 가치 저장 수단인지를 시사한다.

결국 우리는 어떤 자산을 장기적으로 보유해야 할까? 이 책을 통해 다룬 다양한 사례에서 볼 수 있듯 현금 보유가 투자의 최종 목적지가 되어서는 안 된다. 미국 달러와 같은 강력한 통화조차 연간 7% 수준으로 가치가 희석되며 장기적으로는 구매력을 계속 잃어가고 있기 때문이다. 투자의 최종 목적지는 구매력을 유지하고 가치를 보존할 수 있는 곳이어야 한다.

위에서 언급한 '기승전부동산'이라는 표현이 있는 것처럼 현재까지 가치를 저장할 수 있는 가장 좋은 곳은 부동산이다. 부동산의 장점은 많은 국가에서 중요한 자산 클래스로 인식되고, 경제적 부를 축적하는 수단으로 활용된다. 특히 경제 발전이 이루어진 많은 나라에서 부동산 가격이 지속적으로 상승했고 이로 인해 부동산은 투자자에게 매력적인 투자처가 되었다. 부동산은 비교적 안정적인 수익을 제공하고, 인플레이션 헤지 기능을 가지면서 레버리지를 이용한 투자가 가능하기 때문에 많은 투자자들은 최종적으로 자산 포트폴리오에서 상당한 비중을 부동산으로 보유한다.

하지만 우리가 거주하는 집이 가치 저장의 수단으로 간주되는 현상은 다소 역설적이다. 우리가 거주하는 집은 소비재적 성격을 가진 자본재로도 볼 수 있다. 임대수익을 창출하는 목적의 상업용 부동산이 아니라 거주를 위한 목적이 강하기 때문이다. 일반적으로 소비재는 자동차나 신발처럼 사용함에 따라 가치가 감소해야 하며, 이러한 재화는 사용이 계속될수록 감가상각이 이루어진다. 예를 들어, 새로 구입한 옷이 시간이 지나면서 원단이 상하고 헤지기 때문에 가치가 떨어진다. 중고차의 가격이 새 차보다 낮은 것도 같은 이유에서다.

그러나 우리가 거주하는 집의 가격은 시간이 지날수록 올라간다. 많은 사람들이 집을 가치 저장의 수단으로 활용하고 투자재로 바라보기 때문이다. 이는 집이 누수 되거나 벽에 금이 가는 등 사용감이 늘어나도 가치가 상승하는 이유다. 젊은 세대들이 점점 거주할 집조차 소유하기 힘든 이유가 여기 있다. 정상적인 노동의 수입으로 집 한 채 갖기가 불가능한 시대로 가고 있다. 이것의 궁극적인 이유는 돈이 망가졌기 때문이다. 이는 사람들이 돈을 저축하지 않는 이유이며, 저축을 부동산에 함으로써 우리가 머물러야 할 집이 끝없이 오르는 것으로 이어지고 있다. 우리에겐 좋은 돈이 필요하다.

이 챕터에서 다루고자 하는 '언제 팔아야 할까?'라는 질문에 대해 많은 고민했다. 필자의 생각에는 확신이 서 있지만, 독자들이 기대하는 답변이 다를 수 있음을 알고 있다. 그래서 두 가지 관점에서 접근해보고자 한다. 첫 번째로, 필자는 비트코인을 '팔지 않는 것'이 가장 큰 수익을 가져다준다고 생각한다. 물론 '미래의 가격이 어떻게 될지 알고 그렇게 위험한 제안을 할 수 있나?'라는 의문을 제기할 수 있다. 이에 대해 '장기적으로 보았을 때'라는 전제를 추가하고자 한다. 비트코인은 장기적 관점에서 보면 팔지 않는 것이 가장 큰 수익을 가져온다.

이를 이해하기 쉽게 부동산 예로 설명해 보겠다. 만약 30년 전, 우리가 강남 부동산이나 뉴욕의 부동산을 볼 수 있는 안목이 있었다면 이를 사고파는 것이 수익이 더 컸을까? 아니면 그냥 보유하는 것이 더 큰 수익을 가져왔을까? 비트코인은 강남이나 뉴욕의 부동산과 견줄 수 있는, 가치 저장을 가장 잘하는 자산 중 하나다. 1987년 미국의 블랙먼데이 때 시장 붕괴를 정확히 예측해서 유명해진, 헤지펀드 매니저 폴 튜터 존스Paul Tudor Jones는 인플레이션 환경에서 "비트코인이 가장 빠른 말이다!"라고 했다. 다시 한번 상기해 볼 만한 표현이다.

"그럼 팔지 않고 모은다면 돈은 어떻게 쓰나?"라는 질문이 다시 제기될 수 있다. 훌륭한 자산은 팔지 않고도 충분히 자금을 마련할 수 있는 방법이 있다. 강남이나 뉴욕의 건물주들이 자신의 건물을 팔아 생활비를 마련하고 있지 않은 것처럼, 좋은 자산은 '금융'이라는 방법을 통해 필요한 자금을 조달할 수 있다.

이제는 두 번째 답변이다. 팔지 않는 게 가장 좋지만, 만약에 팔아야 하는 전략을 구사한다면 어떻게 하는 게 좋을까? 바로 이 "언제 팔아야 할까?"라는 질문에 대한 답을 찾기 위해서는 심리학에서 언급되는 '잠재적 이익의 상실'과 '기회비용의 상실' 같은 개념을 이해해야 한다. 사람들은 실제 손실을 겪는 것보다 미래에 얻을 수 있었던 큰 이익을 놓쳤을 때 더 큰 실망과 불만을 느낀다. 이런 경향은 심리학의 다양한 이론과 사례에서도 지적되어 왔다. 이로 인해 많은 투자자가 수익 실현 후에도 만족하지 못하고, 과거의 경험 때문에 새로운 투자에서 매도 타이밍을 잘못 잡는 경우가 많다.

이를 극복하기 위해서는 목표 기반 투자가 중요하다. 수익률 기준(30%, 50%, 100% 등)으로 목표를 설정할 수도 있고, 구체적인 재정 목표(예를 들어 1억 만들기, 주택 구매, 자동차 구입 등)를 세울 수도 있다. 그리고 자신이 설정한 목표를 지속적으로 상기시켜야 한다. 목표는 달성했을 때 충분히 만족할 수 있는 수준으로 설정해야 한다. 이를 상기시키지 않으면 인간의 욕심과 변덕이라는 본성 때문에 초기의 생각이 바뀔 수도 있다. '화장실 갈 때 마음 다르고, 올 때 마음 다르다'는 속담이 괜히 있는 게 아니다.

실제로 가격이 충분히 올라 처음에 설정했던 수익률에 도달했지만, 그때가 되면 욕심이 더 큰 목표를 설정해 매도 타이밍을 놓치는 경우가 생긴다. 또한 목표에 도달해서 매도하더라도 그 이후 가격이 계속 올라가면 후회하기도 한다. 이러한 심리적 요인을 제거하고 행복하게 투자하기 위한 근본적인 방법은 목표를 정하고 그 목표를 계속 리마인드하는 것이다. 그 목표를 설정하는데 아래의 표가 많이 도움이 될 것이다.

비트코인 DCA 목표수익률별 평균 도달일

단위: day

연도	시작시기	MVRV 평균	기간특징	Profit rate			
				20% 도달	30% reach	50% 도달	100% reach
2017년	1분기	2.16		59	75	93	128
	2분기	2.77		34	39	70	148
	3분기	2.69		28	35	63	110
	4분기	3.21		100	107	213	313
	Average			55	64	110	175
2018년	1분기	1.98		321	460	476	504
	2분기	1.48		159	369	372	412
	3분기	1.34		216	274	278	318
	4분기	1.06	크립토윈터	148	157	184	208
	Average			211	315	327	361
2019년	1분기	0.86	크립토윈터	55	69	94	133
	2분기	1.58		25	100	211	562
	3분기	1.89		239	356	447	471
	4분기	1.41		87	263	355	379
	Average			102	197	277	386
2020년	1분기	1.45		87	116	269	289
	2분기	1.52		56	147	186	224
	3분기	1.75		67	90	104	143
	4분기	2.31		29	37	53	86
	Average			59	97	153	186

출처 : 비트세이빙

비트코인을 꾸준히 적립식 투자로 모았다면 30%, 50%, 100% 수익률에 도달하는 데 걸린 시간은 얼마였을까? 2017년부터 시장 참여자가 증가하면서, 이 기간 동안의 데이터를 분석해 봤다. 2017년에 적립식 투자를 시작한 경우, 30% 수익률에 도달하는 데 평균 64일이 걸렸으며, 수익이 두 배가 되는 데는 평균 175일이 소요되었다. 반면, 비트코인이 80% 하락했던 2018년에 적립식 투자를 시작했다면, 분기별 시작 시기에 따라 차이가 있었지만, 연간 평균으로 30% 수익률에 도달하는 데 315일, 100% 수익률에 도달하는 데 361일이 걸렸다.

MVRV 값은 시장의 과열 정도를 나타내는 지표다. 이전 챕터에서도 언급했지만 MVRV가 1.0 미만일 때는 시장이 약세로, 가격이 바닥이며 매수하기 좋은 타이밍으로 볼 수 있다. 이러한 약세장은 최대 1년에서 1년 반 동안 지속될 수 있으므로 단기간에 필요한 자금은 투자하지 않는 것이 좋다. 반면 MVRV가 3.0을 넘어서면 시장이 과열 상태에 진입한 것으로, 머지않은 시간에 고점에 도달한 뒤 가격이 하락할 확률이 높다고 볼 수 있다.

다음 챕터에서는 방금 잠시 등장한 온체인 데이터를 활용해 적립식 투자를 더 효과적으로 할 수 있는 방법과 사례를 알아보겠다.

07

온체인 지표와
적립식 투자가
만나면?

계모임에서 계주의 역할은 누가 돈을 냈는지, 얼마를 지출했는지 장부에 잘 기록하는 역할을 한다. 요즘이야 카카오뱅크 모임 통장 등으로 그 기록을 모두가 한 번에 볼 수 있지만 조금만 시간을 거슬러 올라가면 계모임의 회원들은 계주가 기록하는 장부를 신뢰해야 하는 때가 있었다. 이 지점에서 사기가 많이 일어나기도 한다.

그렇다면 계주가 기록하는 장부와 은행에서 기록하는 장부는 무슨 차이가 있을까? 가장 큰 차이 하나를 꼽으라면 '신뢰'다. 우리가 은행의 통장에 적힌 금액에 대해 의심하지 않는 이유다. 한낱 계모임의 계주가 적는 기록보다는 국가에서 라이센스를 받은 은행이 작성한 데이터에 더 신뢰를 부여한다.

이처럼 신뢰 있는 데이터는 아주 중요하다. 그 자체만으로 데이터의 가치는 올라간다. 개인보다는 기업, 중소기업보다는 대기업, 대기업보다는 국가에서 관리하는 데이터를 더 신뢰하는 이유는 그만큼 관리가 잘될 것이라는 막연한 기대감이 있기도 하고, 실제로도 데이터를 더 철저하기 관리하기 때문이기도 하다. 데이터를 관리하는 주체를 엄격히 선별하고, 수정을 할 때도 각종 절차를 거쳐서 수정해야 하며, 데이터가 분산 보관되어 혹여나 한곳이 해킹을 당해서 없어지더라도 다시 복구할 수 있는 환경을 갖추고 있다. 이러한 요소들이 모여 더 신뢰 있는 데이터를 만든다.

기업이나 국가와 같은 특정 주체를 신뢰하지 않더라도, 모두가 신뢰할 수 있는 데이터를 기록하고 관리하는 기술이 블록체인 기술이다. 블록체인은 세 가지의 특징이 있어 블록체인에 기록된 데이터는 높은 신뢰성을 가진다. 첫째는 블록체인에 한번 기록되면 수정하거나 조작이 사실상 불가능한 불변성이 있다. 둘째는 블록체인에 기록된 모든 데이터는 네트워크 참여자에게 공개되어 누구나 그 기록을 확인하고 검증할 수 있는 투명성이다. 셋째는 블록체인에 기록된 데이터는 전 세계의 수많은 노드에 분산되어 저장되기 때문에 중앙서버에 의존하는 전통적인 데이터베이스 시스템에 비해 훨씬 더 큰 내구성과 장애 허용성을 가진다. 여기서 장애 허용성이란 시스템의 일부 구성 요소가 장애가 발생하더라도 정상적으로 작동할 수 있는 능력을 말한다. 블록체인의 '분산성'이라는 특징은 장애 허용을 높이는 역할을 한다. 즉, 블록체인은 신뢰 있는 데이터를 제공하는 핵심적인 요소를 갖추었다고 볼 수 있다. 이러한 블록체인에 기록된 데이터를 '온체인 데이터'라고 한다. 온체인 데이터를 설명하기 위해 부연 설명이 길었지만 너무 중요한 개념이기 때문에 그냥 가볍게 지나칠 수는 없다.

예시로 들어가 보자. 비트코인 네트워크 위에서는 하루 평균 약 50만 건의 트랜잭션이 발생한다. 이더리움 네트워크 위에서는 매일 약 120만 건의 트랜잭션이 발생한다. 비트코인과 이더리움이 금융 자산의 성격을 가진다고 본다면 이러한 기록들은 중요한 금융 기록이고 이 데이터는 블록체인이라는 기술로 불변성, 투명성, 분산성을 가지게 된다. 가치가 높은 신뢰 있는 데이터가 되는 것이다. 그래서 필자는 블록체인에 기록된 온체인 데이터는 마치 보물과도 같다고 얘기를 한다. 특히 금융 데이터에 있어 조작 가능성이 원천적으로 차단된 데이터는 아주 중요하다.

이러한 트랜잭션은 전송 데이터만을 포함하지는 않는다. 더 다양한 데이터를 담게 되는데 예시를 들어보기 위해서 철수와 영희를 등장시켜 보겠다. 철수가 영희에게 가상자산을 전송했을 때, 블록체인 네트워크에는 그 전송 내역 뿐만 아니라 철수의 가상자산 지갑을 활용해 탈중앙화 애플리케이션(디앱, 이하 DApp*)에 접근하여 이용한 내역도 모두 기록된다. 그렇다 보니 철수가 가상자산의 교환을 위해 탈중앙화 거래소(덱스, 이하 DEX**)를 이용해 어떤 코인을 거래했는지 어떤 시간에 했는지도 알 수 있다. 심지어 가상자산을 보상으로 주는 게임을 이용했을 때 철수가 언제, 어떤 코인을 보상으로 받았는지도 알 수가 있다. 그것도 조작이나 변경이 되지 않은 아주 무결한 데이터를 말이다. 왜? 블록체인이니까!

온체인 데이터를 왜 잘 알아야 할까? 온체인 데이터는 블록체인 활동의 핵심 지표를 제공한다. 이를 통해 블록체인 네트워크의 건강 상태, 경제적 활동뿐 아니라 사용자 행동 등에 대해서도 통찰력을 얻을 수 있다.

블록체인 기술의 발전과 함께 다양한 서비스들이 등장하고 있다. 라이트닝 네트워크 기술을 통해 비트코인의 소액결제 사용처는 빠르게 증가하고 있고, 이더리움 위의 스마트컨트랙트를 통한 새로운 애플리케이션의 출현, NFT의 발행과 거래 증가, 심지어 실물 자산의 토큰화 같은 혁신적인 시도들이 이어지고 있다. 이처럼 다양한 서비스들 사이에서 온체인 데이터를 정확히 읽고 분석하는 능력은 중요한 인사이트

---

*DApp : 탈중앙화된 블록체인 플랫폼을 기반으로 작동하는 앱
**DEX : 중개 업체나 제3자 없이 가상자산을 사고, 팔 수 있는 블록체인 기반 온라인 거래 플랫폼

를 제공할 수 있다.

뿐만 아니라 가상자산은 블록체인 기술의 특징으로 국경을 넘는 가치 전달을 용이하게 한다. 탈중앙화된 자산인 비트코인은 검열저항성을 가지고 있어 어떤 통제나 제약 없이 블록체인을 통해 전송될 수 있다. 이러한 기술적 특징은 가상자산을 자금세탁에 취약하게 만들고 범죄자들이 초기에 많이 활용한 것처럼 부정적인 사례를 만들어내기도 한다. 온체인 데이터 분석은 이러한 가상자산 자금 흐름의 추적이라는 분야에서도 많이 활용되고 있다. 블록체인과 가상자산을 활용한 혁신적인 서비스들이 밝은 면을 제공한다면, 자금세탁 및 범죄 활용 같은 어두운 면에 있어서도 온체인 데이터는 필수적인 도구와 지표로 활용되고 중요성은 앞으로 더 커질 것이다.

이번 챕터에서는 온체인 데이터를 활용하여 적립식 투자를 어떻게 하면 더 효과적으로 할 수 있을지에 대해서 알아보려고 한다. 시장에는 다양한 온체인 지표들이 공개되어 있고 각기 다른 목적에 따라 수백 가지가 넘는 지표들이 존재한다. 개인들도 잘 활용할 수 있게 온체인 지표를 제공해주는 서비스들도 계속 등장하고 있다.

비슷한 성격의 많은 온체인 지표들이 있지만 여러 지표를 얕게 아는 것보다 가장 핵심적인 지표를 깊게 들여다보며 이해하는 것이 훨씬 더 중요하다고 생각한다. 각각의 시기에 이 온체인 지표들이 주는 숫자들을 잘 이해할 수 있다면 우리는 적립식 투자뿐만 아니라 투자에 있어 보조지표로써 많은 도움이 될 것이다.

대표적인 온체인 지표인 MVRV를 소개하겠다. MVRV 비율은 시장

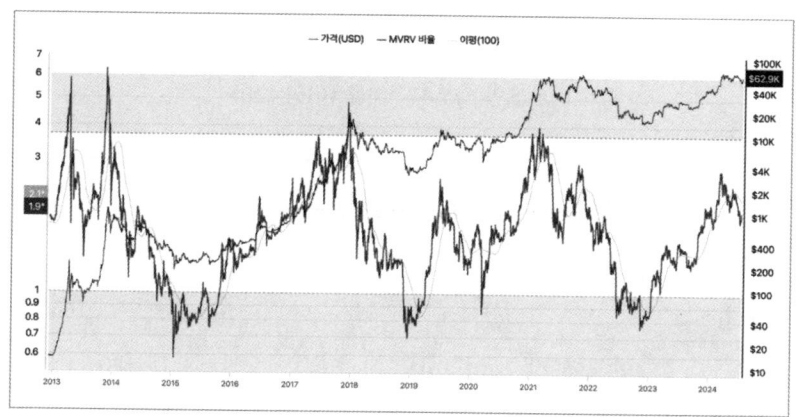

출처 : 크립토퀀트

가치Market Value와 실현 가치Realized Value의 비율을 뜻한다. 여기서 시장 가치란, 현재 시장에서 모든 코인의 가치를 현재 가격으로 평가한 것으로 쉽게 말해 코인의 시가 총액이라고 할 수 있다. 실현 가치는 각 코인 마지막으로 움직였을 때의 가격을 기반으로 산정한 코인의 가치로 쉽게 말해 투자자들이 구매한 대략적인 평균 금액으로 볼 수 있다.

이러한 MVRV 비율은 시장 가치를 실현 가치로 나눈 값으로 계산된다. 이 비율을 통해 투자자들은 시장 가격이 과열되었는지, 또는 과소평가 되었는지를 구분할 수 있다. 예를 들어 MVRV 값이 2라고 하면 모든 투자자들이 평균 2배 정도의 이익을 얻고 있다는 것이다. MVRV 값이 0.8이라고 하면 모든 투자자들이 평균 20% 손실을 보고 있다는 의미다. MVRV값이 1이면 구매한 금액과 현재 가치가 동일하다는 의미로 본전으로 이해할 수 있다.

아래의 그래프를 보면서 조금 더 들어가 보자.

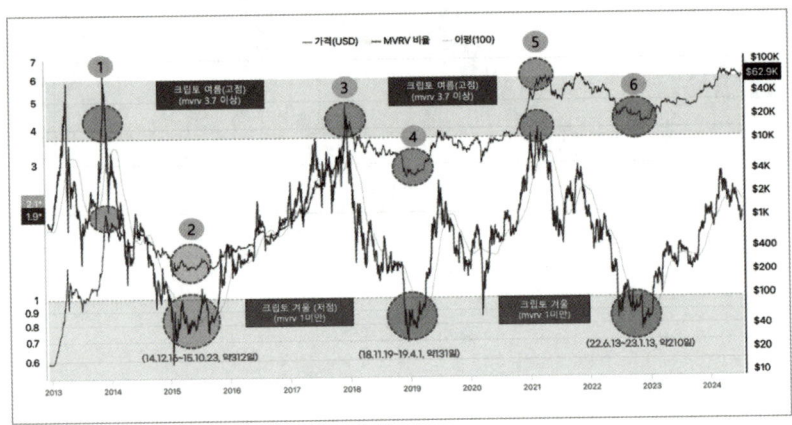

출처 : 크립토퀀트

지난 10년간의 MVRV 데이터를 분석해보면 특정 수치에 도달했을 때 과열 또는 저평가 구간이 반복되고 있음을 알 수 있다. 이를 자세히 살펴보자.

MVRV 3.7 이상 : 고점 근접

비율이 3.7 이상을 도달했을 때 시장은 고점에 근접해 있고 과열 상태로 볼 수 있다. 이는 대부분의 보유자들이 투자 대비 3.7배 이상의 수익을 보고 있음을 의미한다. 그래프에서 1번(2013년 12월), 3번(2017년 12월), 5번(2021년 4월)의 지점이다.

1번 지점은 비트코인이 첫 번째 큰 상승장 이후 2013년 12월에 도달한 고점이다. 3번 지점은 2017년 12월로 당해 동안 비트코인 가격인 20배 올랐던 지점이다. 5번 지점은 2021년 4월로 코로나19 이후 지속된 저금리 환경이 시장에 유동성을 증가시키고 대부분의 자산 가격을 끌어올린 시기다. 이 시기에 마이크로 스트레티지와 테슬라가 비트코인을 매입을 발표하고 테슬라가 비트코인 결제를 도입한다는 소식이 시장을 더 뜨겁게 달구었다. 이러한 열기는 투자금 증가로 이어졌는데 당시 온체인 지표는 과열을 가리키고 있었다. 실제 그 이후 중국의 채굴금지와 같은 조치로 인해 시장은 급격한 하락을 경험했다. 부처님 오신 날에 이뤄진 폭락이라 하여 '부다빔'이라 이름이 지어지기도 했다. MVRV 값이 3.7 근처로 갈 때는 어김없이 시장의 하락 전환이나 단기적인 폭락이 발생하였다.

MVRV 1.0 이하 : 바닥 근접

이 시점은 시장 가치가 실현 가치 이하로 떨어진 지점으로 이는 전체 비트코인 보유자들이 손실을 겪고 있음을 의미한다. 이러한 비율은 시장이 과소평가 되었을 가능성이 높다는 신호로 해석되고 장기투자자에게는 잠재적인 구매 기회로 간주된다.

업계에서는 이 시기를 '크립토 겨울'이라고 부른다. 아래 그래프에서 2번(2014년 12월~), 4번(2018년 11월~), 6번(2022년 6월~) 지점이다. 이러한 보조 지표를 활용해 투자자들은 시장의 저평가된 시점에서 적극적으로 매입 전략을 수립할 수 있고 장기적인 관점에서 수익성을 높일 수 있는 기회로 활용할 수 있다. 각 지점에 대해 자세히 설명하면 다음과 같다.

2번 지점 : 첫 번째 크립토 겨울로, 2014년 12월부터 약 312일 동안 지속되었다. 이 시기는 1번 고점에서 86% 하락한 시점이다.

4번 지점 : 두 번째 크립토 겨울로, 2018년 11월부터 약 131일간 지속되었다. 이는 3번 고점에서 84% 하락한 시점으로 시장에서 상당한 조정을 경험했다.

6번 지점 : 가장 최근의 크립토 겨울로 2022년 6월부터 약 210일 동안 지속되었다. 이는 직전 고점 대비 75% 하락한 시점이다.

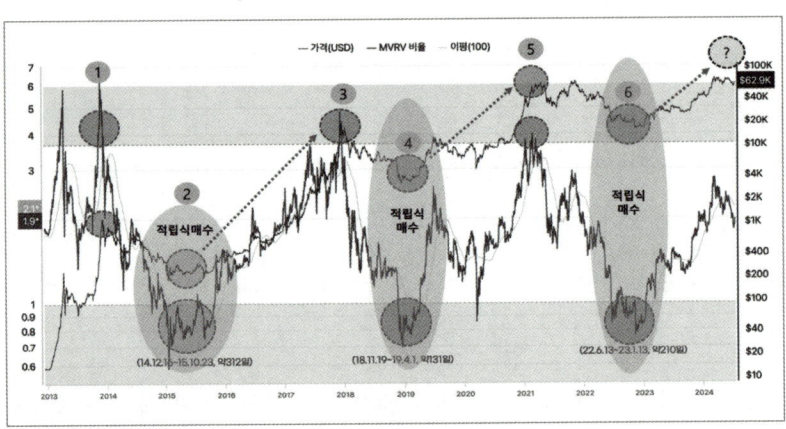

출처 : 크립토퀀트, 비트세이빙

MVRV 값을 비트코인 투자에 활용한다면?

이처럼 MVRV 비율은 시장의 과열과 저평가 구간을 식별하는 유용한 보조 지표로 활용할 수 있다. MVRV 값이 3.7에 근접할 때는 과열 구간으로 간주하고 이익 실현을 고려하거나 매수 금액을 줄이는 전략을 펼 수 있다. 반대로 MVRV 값이 1.0 미만일 때는 시장이 저평가 되었다고 판단해서 추가 매수를 고려하거나 매수 금액을 늘리는 전략을 펼쳐볼 수 있다. 그렇다면 MVRV 1.0 미만 일 때 적립식 구매, MVRV 3.7을 넘을 때 매도를 한다면 수익률은 각각 어떻게 될까?

① 2번 지점(14년 12월~15년 10월)에서 적립식 투자를 하고 MVRV 값이 3.7을 초과하는 3번 지점(17년 12월)에서 매도할 경우 수익률은 2,552%로, 약 26배 달성.

② 4번 지점(18년 11월~19년 4월)에서 적립식 투자를 하고 MVRV 값이 3.7을 넘을 시점인 5번 지점(21년 4월)에서 매도를 하면 수익률은 829%로, 약 9.3배이다.

③ 6번 지점(22년 6월~23년 1월)에서 적립식 투자를 하고 다음번 MVRV 값이 3.7을 넘을 때 매도를 한다면? 아직 도달하지 않아서 수익률을 예측할 수 없다. 하지만 현재(MVRV 2.1, 24년 7월) 기준으로 매도를 해도 예상 수익율은 225%, 약 3.25배다.

중요한 참고사항은 시장이 성숙하면서 비트코인의 시가총액이 커짐에 따라 MVRV에서 과열을 나타내는 값이 3.7에서 점차 낮아지고 있다는 것이다. 따라서 MVRV가 3.0만 넘더라도 분할로 매도하는 전략을 고려하는 것이 합리적일 수 있다.

PART 5.

비트코인의 지정학적 가치

01

검열저항성 :
비트코인은 아무도
뺏어가지 못한다

이 세상에 존재하는 대부분의 자산은 직접 소유한 것이라 볼 수 없다. 내가 번 돈으로, 내 이름으로 만들어낸 재산을 도대체 왜 소유할 수 없다는 것일까? 부동산으로 예를 들어보겠다.

여기 적법한 절차에 따라 구매한 부동산이 하나 있다고 생각해 보자. 해당 부동산을 소유한 집주인은 실질적으로 그곳에 거주함에도 불구하고 언제든지 법적 절차에 의해 회수 당할 수 있다. 재산세를 내지 않거나 또는 주택담보대출이나 부동산대출을 받아 부동산을 사들였는데 그것을 갚지 않았을 경우 법원은 해당 부동산을 경매에 넘긴다. 즉, 본인이 소유한 것임에도 불구하고 그것에 대한 세금을 꾸준히 지불하지 않으면 내 소유가 아니게 되는 것이다.

주식은 어떨까? 개인이 보유한 주식은 증권사에서 권리 표시만 해주는 것일 뿐, 어떠한 압류 상황에 처했을 때는 그 즉시 지급 정지된다. 물론 예탁결제원 서버에 기록되어 있지만 말이다. 또한 해당 주식회사가 횡령, 분식회계 등으로 문제가 생겼을 경우 그 주식은 상장 폐지된다. 그렇게 되면 기존 주식을 어딘가로 출금하여 가지고 있을 수 없다. 말 그대로 권리증이기 때문이다.

그렇다면 은행 예금은 어떨까? 압류 상황에 처하면 지급 정지 또는 압류가 되는 것은 기본! 해당 은행이 파산할 경우 5,000만 원까지만 예금보험공사에서 보증해 주지만, 그것도 즉시 지급되지 않는다.

앞선 자산들의 공통점은 모두 장부로 관리된다는 점이다. 제3자가 관리를 대신 한다는 것은 내가 완전히 소유할 수 없다는 것과 같은 말이다. 그러나 실물인 금은 위의 자산들과는 조금 다르다. 내 손으로 직접

만질 수 있고, 제3자에게 관리를 맡기지 않을 수 있다. 압류 상황에 처했을 때는 사람들 몰래 잘 숨겨둔다면 빼앗기지 않을 가능성도 높다. 하지만 이게 현실적으로 가능한 이야기일까?

금은 대부분 은행 금고나 개인 금고에 두는 것이 보통이다. 금에 약간의 흠집이라도 생기면 그 가치가 떨어지기 때문이다. 그러므로 압류 상황이나 물리적인 회수(전쟁 등) 상황이 발생 했을 때 재산을 뺏으려는 자들은 가장 먼저 금고에 주목할 것이다. 그러니 부동산이나 주식처럼 타인에 의해 빼앗길 가능성이 높다.

비트코인은 어떨까? 먼저, 앞서 설명한 바 있는 비트코인의 본질적인 특성인 검열저항성 Censorship Resistance에 대해 다시금 제대로 이해할 필요가 있다. 검열저항성은 비트코인의 가장 중요한 특성 중 하나로 중앙화된 주체나 제3자에 의해 거래가 차단되거나 변경될 수 없다는 것을 의미한다. 비트코인은 탈중앙화된 네트워크에서 작동하고, 거래 기록이 전세계 수많은 노드에 분산되어 있기 때문에 특정 기관이나 정부가 개별 거래를 차단하거나 검열하는 것이 사실상 불가능하다. 또한, 비트코인 프로토콜은 모든 거래가 블록체인에 기록되며, 한 번 기록된 거래는 되돌릴 수 없도록 설계되어 있어 거래의 변경이 불가능하다. 이는 정부나 금융기관이 개인의 자산을 동결하거나 특정 거래를 금지할 수 있는 기존 금융 시스템과는 근본적으로 다른 구조다.

그렇다면, 다른 자산처럼 비트코인도 압류될 수 있을까? 대답은 '아니오'다. 내 지갑에 있는 비트코인은 물리적으로 강탈할 수 없다.

예를 들어보자. 비트코인을 저장하는 하드웨어 월렛에는 고유의 주소가 존재한다. 다른 사람의 비트코인을 가져가려면 우선 그 주소를 알아야 할 것이다. 설령 주소를 알아냈다 하더라도, 하드웨어 월렛을 열기 위한 고유 PIN 번호나 암호를 알아내지 않는 한 접근할 수 없다. 심지어 비트코인이 저장된 주소와 개인 키를 확보했다고 하더라도, 원래 소유자가 새로운 하드웨어 월렛에 비트코인을 복구한 뒤 다른 주소로 전송하면 기존 접근은 무효화된다. 즉, 내가 소유한 비트코인은 그 누구도 강제로 빼앗을 수 없는 셈이다. 실제로 우리는 사토시 나카모토가 소유한 100만 개의 비트코인 주소를 알고 있지만, 그 비트코인에 접근할 수 없는 것과 같은 원리다.

02

비트코인은 전쟁을 억제한다

➡️ 자고로 인간은 남의 것을 탐하며 욕심내기 마련이다. 게다가 형태가 있는 자산은 물리적인 행위로 강탈할 수 있다. 때문에 대부분의 자산은 전쟁을 유도한다.

이에 가장 대표적인 자산은 바로 금이다. 현대로 들어서기 전까지는 전세계는 금본위제 시대라고 할 수 있었다. 각국의 통화 가치를 순금의 일정한 중량으로 정해 놓고 동전과 금괴로 주조한 후 자유로이 수출입을 허용하며 이를 지폐나 예금 통화와 교환할 수 있도록 한 것이다.

그렇다 보니 자연스럽게 전세계는 이러한 금을 획득하기 위한 전쟁을 일으켰다. 전세계 어느 나라에나 통하는 금이 곧 화폐이자 무기이며 자산이기도 했으니까. 이를 차지하기 위해 여러 차례의 크고 작은 전쟁을 거쳐야만 했고, 가장 강력한 국가인 미국이 가장 많은 금을 차지하게 되었다.

두 차례의 세계 대전 후에 많은 경제 강대국이 무너졌고, 미국은 이제 세계 금의 $\frac{3}{4}$를 통제하게 되었다. 그들은 그렇게 차지한 금을 바탕으로 달러를 만들어냈다. 그리고 전세계의 모든 통화 질서가 금에 고정한 달러에 연동될 수 있게 하는 일명 '브레튼우즈 체제'에 진입하였다.

전쟁이 줄어들자 인구가 늘어나면서 자연스레 경제 또한 성장하게 되었다. 더불어 달러의 수요가 폭발적으로 증가하였다. 그 수요는 미국이 보유한 금보다 많아졌기 때문에 결국 보유한 금의 양보다 더 많은 달러를 찍어야만 했다. 이것을 눈치 챈 국가들은 금을 인출하기 시작했다.

이는 바로 국가적 '뱅크런'의 시작이었다. 이 당시 미국에서는 브레튼우즈 체제의 끝을 알리는 '닉슨 쇼크'가 벌어졌다. 간단히 말해서 더 이상 달러로 다시 금을 내줄 수 없으니 금과 무관하게 달러를 찍어내겠다는 의미다. 그렇게 만들어낸 달러는 무한히 발행되었고, 자연히 그 가치나 희귀성이 줄어들었다.

상황이 이렇게 되자 국가들의 시선은 금이 아닌 또 다른 것들에게로 쏠렸다. 석유나 식량, 에너지와 같은 원자재가 대표적인 예다. 이것들은 금만큼 희귀하지는 않았지만, 생산할 수 있는 국가가 한정적이라는 특징을 가진 원자재다.

미국은 그렇게 신용으로 찍어낸 달러와 국방력을 제공하며 석유를 생산할 수 있는 국가와 협력 관계를 맺기 시작했다. 일명 '페트로 달러' 협정이 그것이다. 반대로 협정을 맺지 않은 국가들과는 무기명 자산을 차지하기 위해 또 다시 전쟁을 하기 시작했다.

이런 와중에 비트코인이 발견되었다. 이는 인류가 새로운 불을 발견한 것과 같았다. 왜냐하면 비트코인은 기존의 자산과는 달리 물리적으로 강탈이 불가능하며 수초 안에 국경을 건널 수 있기 때문이다.

군대를 이끌고 비트코인을 보유한 곳을 쳐들어간다 해도 비트코인은 네트워크에 존재하므로 물리적 공격이 통하지 않는다.

다음 사진 속 물건은 앞서 설명한 바 있는 '노드'다. 전세계에 있는 수십 만 개의 노드를 하나도 남김없이 파괴해야 비로소 비트코인을 없앨 수 있다. 지구상에 노드가 단 한 개라도 남아있다면 비트코인을 없애는 일은 불가능하다.

설상가상 몇몇 비트코인 개발 회사들이 지구를 돌고 있는 위성에도 이 노드를 실어 보냈다. 일명 '우주 비트코인 노드'인데, 이것까지 모두

노드

파괴해야 비트코인을 없앨 수 있으니, 사실상 비트코인을 없애는 일은 불가능에 가깝다고 할 수 있다.

   게다가 비트코인은 무기명 자산이므로 개인키 또는 니모닉(12~24개의 단어)을 탈취해야만 획득 가능하다. 하지만 누군가 비트코인을 강탈하려는 것을 인지하는 즉시 개인 키 또는 니모닉을 머릿속으로 외우고 모두 파기할 수 있다. 뿐만 아니라 개인 키를 바로 변경할 수도 있고, 지구 반대편에 있는 다른 이의 비트코인 주소로 전송할 수도 있기 때문에 비트코인을 물리적으로 강탈하는 것은 불가능하다고 할 수 있다.

   이처럼 비트코인의 특성을 사람들이 알아갈수록 물리적 전쟁은 다른 방향으로 흘러 갈 수밖에 없다. 물리적 전쟁은 줄어들고 다른 의미의 전쟁, 이른바 금융 전쟁이 발발할 수 있는 것이다.

03

국가안보를 위한 전략적 자산으로서의 비트코인

이 주제를 다루기 전에 미국 국가 정책연구소의 논문을 살펴보았다. 그곳에서 우리가 원하는 답을 찾을 수 있었다.

독재자들은 정보와 자본의 흐름을 엄격하게 감시하고 통제한다. 자고로 사람은 억압보다 자유를 원하기 마련이지만, 독재자들은 정권을 유지하기 위해 최대한 사람들의 욕구를 억압하려고 하는 것이다.

독재자들은 정보의 흐름을 감시하고 검열하기 위해 강력한 도구를 구축해 왔다. 자유주의 국가들이 그런 독재자들을 상대로 승리하기 위해서는 그들을 넘어서는 더 강력한 기술을 장려해야 한다.

그 예시로 'Tor 네트워크'라는 것이 있다. Tor 네트워크란 'The Onion Router'의 약칭으로 2002년에 미국 해군 연구소에서 시작한 자유 소프트웨어를 뜻한다. 이것은 온라인상에서 익명을 보장하고 검열을 피할 수 있도록 해준다. 쉽게 말해 온라인상에서 나의 정보를 나타내지 않고 인터넷을 할 수 있는 기능인 것이다.

Tor 네트워크는 미국 정부의 추적 능력을 떨어트리는 기술임에도 불구하고 미국 정보기관과 미국 정부로부터 자금을 지원받았다. 마이클 헤이든 전 NSA국장이 강력한 사이버 도구는 합법적인 법 집행을 위해서라도 필요하다는 말까지 했다. 그만큼 허가가 필요 없는 강력한 암호화는 모든 사람에게 언론, 집회의 자유를 부여한 매우 중요한 기술인 것이다.

비트코인 또한 억압된 개인에게 권한을 부여하고 자유를 보장하며 스스로 결정할 수 있는 기술이자 화폐다. 비트코인은 모든 사람들이 특정 주체(정부나 기관)로부터 동결이나 압류를 할 수 없는 방식으로 가치를 저장하고 전송할 수 있다. 제3자의 개입 없는 탈중앙화 화폐이기 때문이다.

더불어 비트코인은 개방적이고 중립적이며 또 분산되어 있다. 어떤 지도자의 통제도 받지 않고 검열 저항에 최적화 되어있다. Tor 네트워크와 마찬가지로 비트코인은 합법적, 불법적 활동에 모두 사용되며 사용하는 이에 따라 성격이 달라지는 중립적 기술 화폐다. 똑같이 미국 정보기관NSA에서 개발한 SHA 256 암호화 알고리즘을 사용하며 오픈 소스로 구현되어 있다. 비트코인은 독재 국가의 자본 통제에서 벗어나 전 세계의 금융 시스템에 연결 할 수 있는 것이다.

이러한 자유는 독재자들에게 위협적이다. 2021년 중국이 비트코인 채굴과 거래를 금지하는 등 비트코인의 적대적 정부 중 하나로 꼽히는 데는 이유가 있다. 비트코인은 통제를 벗어나 자유를 가져오기 때문이다.

주요국가별 비트코인 해시 비율

사람들에게 개방된 사회와 폐쇄된 사회 중 하나를 선택할 기회가 주어지면 사람들은 개방된 사회를 선택할 것이라는 게 미국의 주장이다. 그리고 그것은 실제로 맞아떨어졌다.

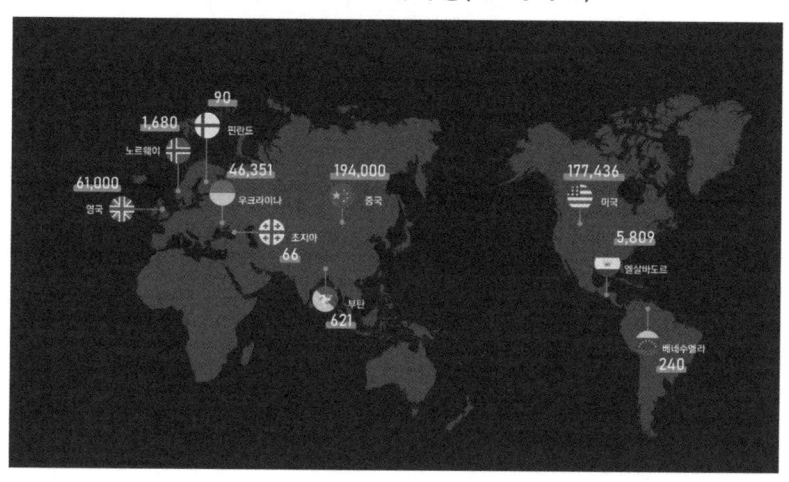

국가별 비트코인 보유 수량(2024. 2. 17)

미국은 90년대 Tor 네트워크에서 교훈을 얻어 혁신을 희생시키지 않는다. 대신 매력적인 자본시장으로서 접근하고 있다. 비트코인은 미국이 구축한 자유주의의 본질을 나타낸다. 비트코인은 막을수록 자유를 권장하는 곳으로 흘러가기 때문에 미국은 이를 전략적 관점을 가지고 받아들이고 있다.

실제로 미국은 비트코인 채굴을 장려하고 있다. 2021년 중국이 비트코인 채굴을 금지한 이후로 상당수의 채굴자가 미국으로 넘어왔다. 나스닥에 상장한 비트코인 채굴 회사가 수십 개가 된 이유다. 최근에는 미국이 비트코인 현물 ETF까지 승인하며, 자본이 비트코인으로 더욱 몰리고 있는 상황이다. 이는 미국이 비트코인과 같은 혁신적 자산을 장려하며 자본 시장을 더욱 개방하고 있다는 증거다.

이 모든 것은 미국의 이야기지만, 우리나라 역시 이와 같은 방향으로 나아갈 필요가 있다. 세계에서 가장 큰 경제 대국이자 자유민주주의 국가인 미국이 비트코인을 수용해 국가 경쟁력을 강화하고 국가 안보 차원에서 이를 보호하고 있다면, 우리도 이에 맞춰 비트코인을 사용하고 수용할 필요가 있다.

04

아프가니스탄과 우크라이나 사태가 증명한 비트코인의 가치

➡️ 모두가 21세기에는 전쟁이 일어나지 않을 것이라고 입을 모아 말했다. 하지만 사람들의 기대와 달리 또 다시 전쟁이 발발하였다.

2001년 미국이 아프가니스탄과의 전쟁을 선포한 후 2021년 아프가니스탄 내전이 발생하였다. 그리고 2021년 5월 미군은 아프가니스탄에서 철수했고, 탈레반들이 카불을 포함한 주요 도시들을 점령하였다. 이로 인해 아프가니스탄 정부는 탈레반에게 항복할 수밖에 없었다. 안타깝게도 이 전쟁으로 약 23만 명의 사망자가 발생하였다.

카불이 탈레반의 손에 넘어가기 전부터 은행들은 인출을 모두 정지시키고 웨스턴 유니온 해외송금이나 하왈라 서비스도 중지했다. 블록체인 분석 기업 체인어낼리시스Chainalysis에 따르면 아프가니스탄은 2021년 당시 비트코인 채택 지수가 154개 국가 중 20위였다. 운영 중인 거래소는 없지만 비트코인의 개인 간 전송이 활발했다는 것이다.

실제로 은행계좌가 없어진 시점에서 아프가니스탄 내의 스마트폰 보급률은 70%가 넘었다. 정부가 모든 자산을 동결하고 탈레반들은 개인의 자산을 모두 빼앗고 있는 상황 속에서 자산을 은닉하거나 해외로 도주 할 때 사용할 수 있는 자금은 스마트폰으로 접근이 가능한 비트코인이 유일했다.

특히 아프가니스탄에서 여성들에게는 비트코인이 억압적인 사회를 벗어날 희망이기도 했다. 아프가니스탄에서 여성들이 은행계좌를 개설하려면 남성의 중개가 필요하기 때문이었다. 남성의 중개나 허가가 없다면 여성들은 계좌를 만들 수도 없었다.

실제로 개발도상국 여성의 교육을 지원하는 미국의 비영리단체 '디지털 시티즌 펀드DCF'는 아프가니스탄 여성들에게 비트코인 관련 교육을 제공하며 12년 동안 비트코인으로 급여를 주었다. 이로 인해 아프가니스탄 국민들은 전쟁이 터지기 전부터 자신들의 비트코인을 가지고 다른 나라로 뺏기지 않고 탈출할 수 있었다고 한다.

재미있는 사실은 카불이 함락되자 아프가니스탄 대통령은 현금을 가득 담은 가방을 가지고 헬기에 실으려 했다는 것이다. 그런데 현금이 헬리콥터 내부에 모두 들어가지 않아 일부를 남겨두었다고 한다.

아프가니스탄 전쟁을 통해 비트코인의 중요성이 대두되던 와중에 2022년, 러시아가 우크라이나를 침공하며 전쟁이 발발했다. 대다수의 남성들이 징집 당했고, 600만 명의 우크라이나인들이 난민이 되었으며, 수십 만 명의 러시아인도 나라를 떠났다.

전쟁이 발발하자 우크라이나에서는 비트코인을 가지고 국경을 탈출하려는 행렬이 이어졌고, 이로 인해 우크라이나 프리미엄*이 붙었다. 실제로 우크라이나 출신의 20세 한 남성은 직거래로 비트코인을 거래한 후 이를 USB에 담아 국경 폐쇄 2시간 전 징집을 피해 국경을 넘었다.

한편, 러시아는 국제 은행 간 통신협회 'SWIFT Society for Worldwide Interbank Financial Telecommunication'를 통한 해외 송금망이 제재로 배제되었다. 더불어 러시아 중앙은행의 외화 보유금이 동결되었기 때문에 러시아의 은행들은 고객들의 ATM 출금도 막아버렸다. 뿐만 아니라 비자

---

*우크라이나 프리미엄 : 다른 국가 통화에 비해 비싸진 가격을 말한다.

와 마스터 카드도 러시아에서 철수했다. 우크라이나와 마찬가지로 러시아 국민들 또한 자국의 돈을 가지고 다른 국가로 갈 수 없게 되었던 것이다.

그나마 우크라이나보다는 사정이 나은 점을 꼽자면 비트코인 ATM 기계 설치가 늘었다는 것이다. 현재 모스크바에는 2023년 기준 총 52개의 비트코인 ATM 기계가 설치되었다고 알려져 있다.

다시 우크라이나로 돌아와 얘기해 보자면, 우크라이나 정부는 전세계로부터 비트코인 기부를 받았으며 이를 활용해 군 장비를 구입하였다. 물론 살상무기를 구매하지 않고 야간투시경 등 기타 장비를 구매하였다고 밝혔다. 한국의 업비트 거래소 또한 회원들의 비트코인을 모아 1억 6,000만 원을 우크라이나에 기부하였다.

이제는 비트코인이 단순한 가치 저장과 거래 수단을 넘어 국제 평화를 가져오는 하나의 상징이 되어가고 있다.

05

엘살바도르의
비트코인 이야기

중앙아메리카에 위치한 엘살바도르는 인구 650만 명 정도의 국가로 GDP는 전세계 86위를 기록한 바 있다. 중앙아메리카에서 크기가 가장 작은 나라이기도 한 엘살바도르는 2021년 비트코인을 법정 화폐로 공식 채택했다.

그 당시에는 전세계 언론들이 비트코인을 법정 화폐로 채택하는 것이 말이 되냐며 엘살바도르를 조롱했다. 한국에서도 '코인에 빠진 대통령, 국가부도 위기', '나라 돈으로 도박하는 대통령' 등의 자극적인 제목을 단 기사가 등장했다.

하지만 외부의 시선과 평가와는 달리 사실 엘살바도르에서는 최고의 선택을 한 것이다. 달러를 제외한 모든 통화의 구매력은 모두 바닥을 향해 내려가고 있기 때문이다. 그와 반대로 비트코인의 구매력은 꾸준히 상승하고 있었다. 엘살바도르는 이에 주목했다.

게다가 그 당시 엘살바도르는 이미 약 5,000개 이상의 비트코인을 국고로 소유하고 있었다. 이는 엘살바도르의 부채를 유의미한 수준으로 줄일 수 있는 금액이다. 만약 비트코인을 국가 화폐로 채택하고 소유하며 받아들인다면, 그것만으로도 IMF 국제통화기금에서 벗어날 가능성이 있다는 뜻이다.

여러 고민 끝에 엘살바도르는 비트코인을 국가 화폐로 지정하고 바로 국가 주도로 비트코인 채굴을 하겠다는 내용을 발표했다. 그리고 엘살바도르 화산에서 나오는 지열을 발전하는 국영 전기 회사(한국의 한국전력공사)가 저렴한 전기를 공급하게 하고 채굴 회사들을 유치하였다.

자연에서 나오는 열을 전기로 변환하여 채굴하니 기존의 전기를 낭비하지 않는다는 이점이 생겼다. 게다가 이렇게 채굴해서 받는 비트코인으로 국가 재정을 충당하게 된다.

엘살바도르는 여기서 멈추지 않고 화산 채권도 발행했다. 2023년 1월 디지털자산법이 통과되면서 발행할 수 있게 된 것이다. 2024년 내에 발행 예정으로 되어있으며 약 10억 달러(한화 약 1조 3,000억 원)에 달한다. 이중 약 6,500억 원은 비트코인 씨티 건설에 사용될 예정이다.

이렇게 만들어진 비트코인 씨티는 현재 비트코인과 관련된 모든 세금이 면제다. 그렇기 때문에 비트코인 관련 혁신 기업들이 엘살바도르로 계속 이주하고 있다. 실제로 2023년 잭 맬러스의 비트코인라이트닝월렛 '스트라이크'의 본사도 엘살바도르로 이주하였다.

여기서 끝이 아니다. 사업차 같이 이주해 오는 가족들을 위해 '프리덤 비자' 프로그램을 시행하였다. 프리덤 비자는 100만 달러 또는 해당 금액만큼의 비트코인을 입금하면 시민권을 취득할 수 있는 시스템이다. 가족 중 100만 달러를 한 사람만 낸다면 1인당 100달러의 수수료를 낸 후 시민권을 취득할 수 있는 것이다.

엘살바도르 정부는 시민권을 1,000명에게 부여할 계획이고, 이를 비트코인으로 전환하여 국부를 충당하며 또 다른 사업 기회를 만들어낼 것이라 하였다.

이렇게 수많은 프로그램과 사업에도 불구하고 여전히 엘살바도르에 시선은 그리 좋지 않다. 국가 내 범죄율이 높고, 경제 성장이 낮다는 등의 이야기가 들려오는 것이다. 하지만 그것은 사실이 아니다.

2022년 기준 엘살바도르는 1년 전보다 훨씬 발전했다. GDP는 10.3%, 관광수입은 52%, 고용은 7%, 신규 사업은 12%, 수출은 17%, 에너지 발전은 19%, 세금 수입은 37%, 에너지 수출은 3,300%나 증가한 것이다. 게다가 범죄율과 살인율은 95%나 감소하였다.

이 모든 것이 불과 1년 만에 일어난 일어났다는 것은 우리에게 많은 것을 시사한다. 엘살바도르는 지금도 세계 최고의 비트코인 시티로 거듭나고 있다.

06

화폐 주권을 잃은
국가와 국민에게
비트코인은 최후의 보루

➡ 모든 법정 화폐는 통화가 발행되면서 구매력을 서서히 잃게 된다. 특히 달러를 제외한 통화들이 그렇다. 2020년 코로나 사태를 겪으며 미국 내 경제 상황을 되살리기 위해 달러를 급격히 많이 풀었는데, 이 여파로 다른 통화들이 심각하게 구매력을 잃었다.

달러를 회수하고자 미국의 연방준비은행은 금리를 인상시켰다. 하지만 그렇다고 해서 다른 국가의 화폐 가치가 다시 올라가지는 않았다. 화폐 가치가 상실되는 것은 현재 진행형이다. 여기서 끝이 아니다. 화폐의 가치가 상실 된 것뿐만 아니라 몇몇 국가의 중앙정부들은 개인의 화폐를 동결시키거나 압류하기도 한다.

국민들은 다양한 이유로 화폐의 주권을 상실하고 있다. 비트코인은 이러한 통화 가치 상실로 화폐 주권을 잃은 국가와 국민에게 최후의 보루가 되고 있다. 비트코인은 단지 구매력을 보존시키는 것을 넘어서 화폐 주권을 지켜주기 때문이다. 비트코인은 누군가가 동결하거나 압류할 수 없고, 이것은 곧 화폐 주권을 의미한다. 여기 그 다양한 예시가 있다.

1. 나이지리아

급증하는 인플레이션과 망가진 금융 시스템을 가진 2억 명의 나라인 나이지리아는 지속적으로 가치를 잃는 통화로 고통 받고 있다.

이에 결국, 2020년 가을 수천 명의 나이지리아 젊은이들이 국가의 악명 높은 특수 경찰에 반대하는 시위대를 조직했다. 이 과정 속에서 다양한 핀테크 서비스로 시위 자금을 기부 받았지만, 국가에 의해 즉시 동결되었다. 그러나 시위대는 전세계인으로부터 비트코인을 받았고 시위를 지속할 수 있었다.

2. 홍콩

지난 3년간 중국 공산당은 홍콩의 자유와 민주주의를 소멸시키려 노력했다. 그들은 인권단체, 언론인, 예술인을 감옥에 보내거나 금융자산을 몰수했다. 그리고 캐리 람 Carrie Lam 정부는 사람들과 조직의 은행 계좌를 동결시키고 목소리를 내지 못하게 하고 있다.

하지만 홍콩은 비트코인 ATM이 설치된 첫 국가다. 때문에 홍콩 민주주의자들은 그들의 화폐를 비트코인으로 교환할 수 있었다. 실제로 도시에 설치된 비트코인 ATM으로 인해 전세계에서 홍콩으로 비트코인을 보낼 수 있었고, 필요에 따라 현지 통화로 교환하여 용감한 민주주의자들을 지원할 수 있었다.

3. 이란

서구 제재의 결과로 이란 국민들은 외부와 단절되었다. 공정한 선거나 시민의 자유를 허용하지 않는 이란 독재 정부는 돈을 엄청나게 찍어냈고, 그 결과 이란 국민들은 10년 동안 연 20~40%에 이르는 인플레이션을 경험하고 있다.

그러한 이란 국민들은 독재 정부와 맞서서 비트코인을 사용하고 있다. 독재 정부는 이란 비트코인 교육자를 자유 시위의 일환으로 체포하였다. 이는 비트코인이 유일한 탈출구임을 증명하는 사건이다.

4. 짐바브웨

짐바브웨 국민들은 독재자 로버트 무가베Robert Gabriel Mugabe에 의해 비극적인 삶을 살고 있다. 경제를 파괴하고 통화를 프린팅하여 100조 달러를 세계적인 유머 화폐로 만들어버렸다. 이후에도 여전히 높은 인플레이션, 자본 통제로 인해 국민들은 엄청난 고통을 겪고 있다.

이를 벗어나기 위해 '엑소누미아Exonumia Africa'라는 비트코인 교육 프로젝트가 진행되고 있다. 이를 현지 언어로 번역하고 있으며 짐바브웨 국민들은 점차적으로 자신들의 자산을 비트코인으로 전환하고 있다.

5. 베네수엘라

우고 차베스Hugo Chavez는 가난한 사람을 돕겠다는 약속으로 베네수엘라에서 권력을 잡았지만, 난민 위기를 남겼다. 게다가 그의 후계자인 니콜라스 마두로Nicolas Maduro는 시민의 자유를 파괴하고 언론을 제거했으며, 야당 정치인을 사라지게 했다. 이로 인해 부패와 잘못된 관리로 세계 최악의 인플레이션을 겪고 있는 중이다.

베네수엘라 국민들은 지난 10년간 모든 것을 잃었다. 나라를 버리고 수백 만 명이 도망쳤다. 남은 사람들은 꽤 오랜 시간 고통을 겪어야만 했지만, 다행히도 2015년부터 비트코인을 채택하여 살아남을 수 있었다. 베네수엘라 인권 프로젝트인 '비트코인 베네수엘라Bitcoin Venezuela'는 2015년부터 전세계인으로부터 비트코인을 기부 받아 매년 50만 명에게 음식을 제공하며 돕고 있다.

6. 벨라루스

2020년 여름, 알렉산드르 루카셴코Alexander Lukashenko의 수십 년 정권에 반대하는 전국적인 시위가 일어났다. 이에 30년간 통치한 루카셴코는 정권을 유지하고자 선거를 조작하였다. 시위대는 시위를 1년간 지속하였고 정부는 시위대의 은행 계좌를 동결하고 더 나아가 재정을 감시했다.

이에 대응하여 활동가연합 'BYSOL'은 비트코인 네트워크를 통해 파업 노동자와 NGO를 돕기 위해 비트코인 인권재단과 협력하였다. 그렇게 수천 명의 벨라루스 시위대에게 비트코인이 보내졌고 덕분에 시위대는 필요한 생필품을 구입할 수 있었다.

7. 토고와 세네갈

오늘날 프랑스 정부는 15개의 아프리카 국가를 실질적으로 통제하고 있다. 왜냐하면 이들 아프리카 국가에서는 'CFA'라는 통화를 사용하기 때문이다. CFA란 '아프리카의 프랑스 식민지Colonies françaises d'Afrique'의 약자로 세계 2차 대전 때 아프리카를 지배하기 위해 만들어진 것이다. 그런데 이를 지금까지 사용하고 있다.

이러한 CFA 때문에 15개 아프리카 국가의 국민들은 금전적 주권이 없다. 프랑스가 모든 것을 통제하고 있으며 다른 국가로 떠날 때조차 CFA로만 허가되기 때문이다. 한 발 더 나아가 지난 75년간 프랑스는 CFA를 99% 평가절하 하였다. 이로 인해 CFA의 구매력은 0에 수렴한다. 결과적으로 15개 국가 중 14개 국가는 독재 국가로 남아 있으며 절반 이상은 세계에서 가장 가난한 나라가 되었다.

오늘날 비트코인 인권재단은 이들에게 금전적 지원을 하기 위해 꾸준히 비트코인을 기부하고 있으며 최근에는 아프리카에서 비트코인 관련 행사를 진행하고 있다.

8. 영국

12년 전 위키리크스는 이라크에서 자행된 미국의 전쟁 범죄 영상과 아프가니스탄 전쟁의 기록을 포함한 기밀 정보를 세상에 공개하였다. 이에 미국은 페이팔, 아마존, 마스터카드, 비자에게 위키리크스와 창립자인 줄리언 어산지 Julian Assange에 대한 금융 서비스를 중단하도록 압력을 가했다.

이에 대한 대응 방안으로 위키리크스는 비트코인을 받아들이기로 했다. 그렇게 기부 받은 비트코인으로 위키리크스는 현재까지 살아남을 수 있었다.

9. 캐나다

2022년 2월, 백신 접종 의무에 반대하는 캐나다 국민들이 트럭 시위를 시작했다. 개인의 자유를 존중해줄 것이라는 예상과 달리 캐나다 정부는 트럭 시위대의 은행 계좌를 전부 동결시켰다. 시위대는 자금이 필요해지자 핀테크 서비스를 이용하여 기부를 받았으나, 정부가 이 또한 동결시켰다.

그러자 전세계에서 시위대를 위한 비트코인 기부가 이어졌고, 기부 받은 비트코인을 쪼개서 개별 트럭 시위대에게 전달한 바 있다. 이 사실을 알게 된 정부는 이를 막기 위해 비트코인 지갑 서비스를 운영하는 회사에 공문을 보냈다. 하지만 비트코인은 개인 키를 가진 개인만이 컨트롤 할 수 있으니 모르면 알려주겠다는 유머스러운 답변만 받았다.

이처럼 비트코인은 전세계에서 구매력의 보존뿐만 아니라 화폐의 주권을 되돌려주며 정부의 간섭이나 통제에서 벗어날 수 있는 힘을 제공해준다.

PART 6.

비트코인에 대한 오해와 오류

01

**첫 번째 :
비트코인 채굴은
환경오염을 불러오고
전기를 낭비한다**

비트코인을 부정적으로 바라보는 이들이 하는 말 중 가장 대표적인 내용은 '비트코인 채굴은 전기를 낭비하고 환경오염을 불러온다!'라는 것이다. 과연 이 말이 사실일까? 이 내용에 대해 본격적으로 알아보기 전에 우리는 미시적인 관점과 거시적인 관점의 차이를 이해할 필요가 있다.

미시적인 관점과 거시적인 관점

원자력 발전으로 예를 들어보겠다. 원자력 발전을 하는 이유는 생산력이 좋기 때문이다. 전기 발전에 들어가는 비용 대비 생산되는 전기가 많다는 것이다.

몇몇 이들은 원자력 발전이 환경오염을 유발하고 지구를 병들게 한다며 반대한다. 이러한 시각은 개인을 떠나 전세계 인구, 나아가 지구까지 고려하기 때문에 거시적인 관점이라고 할 수 있다. 반면, 환경오염의 중요성보다 개인의 비용 측면을 더 우선시 하여 조금 더 저렴한 원자력 발전 전기를 사용하겠다는 의견은 미시적인 관점이라고 볼 수 있다.

2022년 초 러시아와 우크라이나 전쟁으로 인한 유럽의 전기 생산량 위기 또한 미시적인 관점과 거시적인 관점을 논할 수 있는 대표적인 예다. 유럽은 친환경 정책을 꾸준히 펼치며 태양광이나 풍력 등의 발전을 늘려왔다. 한겨울 전기 수요가 급증할 때는 우크라이나 원자력 발전의 전기를 수입하는 방법을 통해 유럽의 원자력 발전을 폐쇄해왔다.

하지만 러시아와 우크라이나 사이에 전쟁이 발발하자 러시아가 우크라이나의 원자력 발전소를 점거하고 공격했다. 그러자 우크라이나는 어쩔 수 없이 원자력 발전을 할 수 없게 되었고, 이로 인해 자연스럽게 유럽 전체의 전기 비용이 급상승하게 되었다.

독일 중공업의 에너지 가격 급등

연도	독일	프랑스
2019	0.02유로	0.04유로
2020	0.03유로	0.05유로
2021	0.06유로	0.06유로
2022	0.16유로	0.08유로

출처 : 유로스탯(Eurostat)

이런 상황에서 앞서 말한 두 개의 관점이 충돌한다. 환경 문제와 상관없이 저렴한 전기를 사용하자는 입장이 미시적인 관점인 것이고, 조금 더 비용을 내더라도 지구를 위해 원자력 발전소가 만들어낸 전기를 사용하지 말자는 것이 거시적인 관점이다.

우리는 거시적으로 원자력 발전이 환경을 오염시켜 나쁘다고 생각하지만, 개인적으로 전기를 사용할 때는 환경 오염에 대한 걱정보다 전기 요금이 더 낮은 것을 선호한다.

비트코인 채굴은 환경오염을 일으키지 않는다

다시 비트코인으로 돌아와서 생각해 보자. 거시적인 관점에서 비트코인 채굴로 인한 환경오염이 우려되어 이를 나쁘게 볼 수 있다. 그러나 미시적인 관점은 환경오염 문제보다 더 큰 이익을 우선으로 두며 비트코인 채굴의 정당성을 주장할 수 있다.

이러한 상황 속에 한 가지 흥미로운 사실은 비트코인 채굴이 거시적인 관점에서도, 미시적인 관점에서도 자유롭다는 것이다. 애초에 비트코인 채굴은 우려와 달리 환경오염을 일으키지 않는다. 과연 어떻게 된 일일까?

놀랍게도 비트코인 채굴 작업은 대부분 버려지는 전기를 활용해 진행된다. 전기를 추가로 사용하지 않는다는 말이다. 전세계 전기 발전량 중 25% 가량은 버려지는 전기인데, 이를 활용해 작업해 문제를 해결한 것이다.

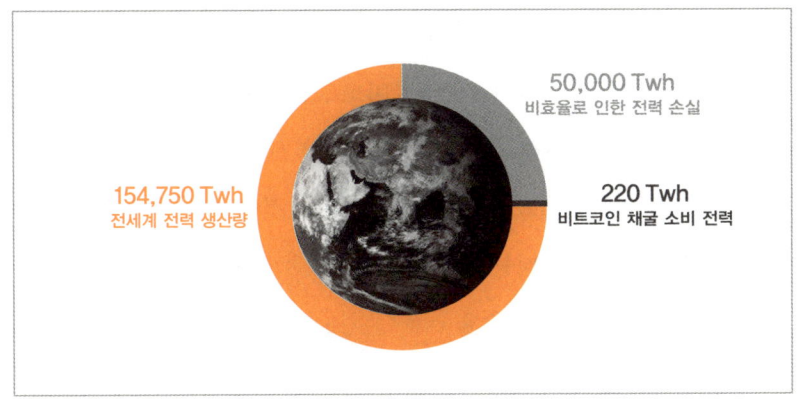

비트코인 채굴 사용 전력 vs 글로벌 전력 생산량

비트코인 채굴자들이 굳이 버려지는 전기를 사용하는 이유는 단순하다. 환경을 위해서라기보다는 버려지는 전기의 값이 매우 저렴하기 때문이다.

비트코인 채굴자의 수익은 곧 비트코인 가격에서 비트코인 채굴에 소모되는 비용을 뺀 것이다. 그러므로 채굴에 소모되는 비용(인건비, 임대료, 세금, 채굴기 구입비용, 전기료) 중 가장 큰 비용인 전기료를 줄여야 수익이 발생한다.

채굴 수익 = 비트코인 가격 – 비용

이를 그 누구보다도 잘 아는 채굴자들은 최대한 저렴한 전기를 찾아 사용하려고 노력한다. 이와 관련된 대표적 예시를 간략히 살펴보겠다.

1. 중국 수력 발전 전기

우기에 중국 쓰촨성 수력 발전소에서 전력이 기존 용량보다 1톤 이상 과잉 생산되었을 때, 채굴자가 몰려가서 버려지는 전기를 이용하여 비트코인을 채굴한 적 있다. 이처럼 비트코인 채굴자들은 채굴에 소모되는 비용을 줄이기 위해 가격이 저렴한 버려진 전기를 찾아다닌다. 이 말은 즉, 사람들에게 필요한 전기를 사용하는 것이 아니기 때문에 환경에 큰 영향을 주지 않는다는 말과 같다.

계절에 따른 중국 전기 생산량

출처 : 캠브리지 대학

2. 플레어 가스

플레어 가스는 석유를 생산할 때 발생하는 물질로, 온실 기체인 메탄이 포함되어 있는 게 특징이다. 이러한 플레어 가스를 그대로 분출하게 된다면 공중에 흩어진 메탄이 온실가스를 증가시키며 환경에 부정적인 영향을 준다.

이를 피하기 위해 석유 생산 시 대량의 플레어 가스가 동시에 발생하면 이를 저장하여 압축한 뒤 파이프라인을 통해 이동시켜 이를 판매하기도 한다. 그러나 파이프라인를 활용하는데 비용이 많이 들어 큰 수익이 나지 않는 것이 문제다. 플레어 가스의 양이 많다면 그나마 다행이다. 하지만 목표치보다 적은 양의 플레어 가스가 발생하였는데, 이를 이동시키기 위해 파이프라인을 사용해야 한다면 손해가 너무 막심해 진다. 이로 인해 대부분 플레어 가스를 그냥 배출하거나 폭파시키고 있는 상황이다.

미국 에너지 정보관리국은 2020년 보고서에서 2019년 미국 하루 평균 14억 8,000만 입방피트의 천연가스를 배출 및 폭발시켰다고 추정하였다. 연간 약 150TWh로 2021년 기준 비트코인의 연간 에너지 사용량과 비슷하다.

비트코인 채굴자들은 이렇게 팔기 어려운 가스를 십분 활용한다. 현장으로 찾아가 직접 발전기를 돌려 전기를 생산하고, 이 전기를 통해 비트코인을 채굴하여 수익을 남긴다. 이런 과정 속에 자연스럽게 가스를 연소시켰기 때문에 메탄을 감소시키며 환경 보호에도 도움을 준 것이다. 여기에 한 술 더떠 비트코인 채굴자들은 낭비되는 전기를 팔고, 주정부로부터 ESG 점수를 얻기도 했다.

지금도 미국의 그레이트 마이닝이라는 회사는 전세계 석유와 가스가 생산되는 현장에 채굴 장비를 설치해 플레어 가스를 이용한 비트코인 채굴을 하고 있다.

3. 노후한 발전소

비트코인 채굴자들은 운영이 중단되었거나 노후한 발전소를 개조하여 돈을 벌기도 한다. 이를 통해 지역 사회에 일자리를 창출하고 지역 전력망에 전기를 보낼 수 있다.

미국의 비트코인 채굴장 현황

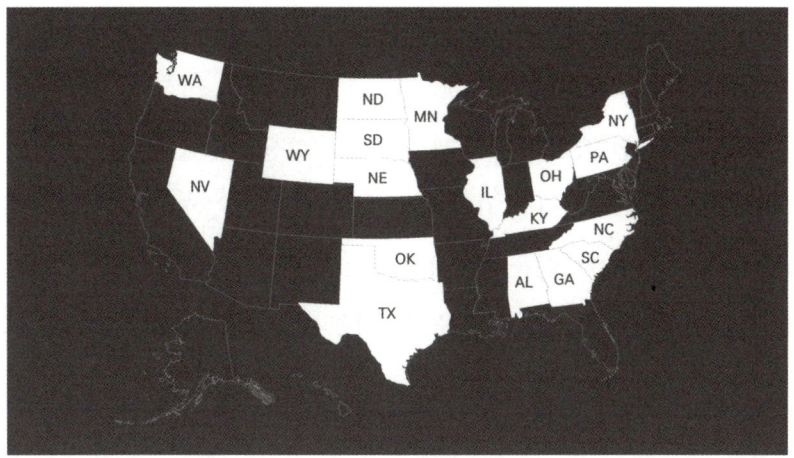

실제로 미국 채굴 회사인 컴퍼스 마이닝의 채굴기 설치 장소가 캐나다의 노후된 수력 발전소의 일부로 알려졌다. 그중 그리니지 발전소는 원래 사용되지 않았으나 비트코인 덕분에 발전소가 다시 사용되었고 직원을 고용할 수 있게 되었다.

4. 개발도상국 전력 공급 사례 : 엘살바도르

많은 저소득 국가들은 다양한 천연 에너지 자원을 가지고 있다. 하지만 전기 송전 및 분배 인프라를 구축하여 이동시키는 것은 너무 비싸기 때문에 이러한 천연 에너지 자원으로부터 전기를 생산하는 것이 불가능하다.

앞에 언급한 바와 같이 엘살바도르는 화산이 살아 숨 쉬는 나라로 유명하다. 엘살바도르는 환태평양 조산 및 지진대의 일부로 국토 90% 이상이 화산 활동으로 생성된 곳으로, 현재도 활화산이 많이 존재한다. 그러한 화산으로부터 나오는 지열이 엘살바도르의 대표적인 천연 에너지 자원이다.

  2021년 엘살바도르의 부켈레 대통령은 화산 지열을 통해 비트코인 채굴을 시작하였다. 화산 지열로 나오는 열에너지를 전기로 전환시키고, 그 전기로 비트코인을 채굴하는 것이다. 화산 지열이기 때문에 환경 오염이 발생하지 않으며, 전기를 생산하는 비용 또한 들지 않는다.

  이처럼 비트코인 채굴은 수력 발전처럼 버려진 전기를 이용하거나 환경오염이 되는 메탄가스 배출을 감소시키거나 화산 지열처럼 자연의 청정에너지를 이용한다.

  비트코인 채굴자들이 비트코인 채굴에 들어가는 비용을 줄이고자한 노력이 결국 환경도 같이 지킨 셈이 된 것이다. 결론적으로 비트코인 채굴은 그 어떤 산업보다 지속가능한 전기를 사용한다.

02

두 번째 :
비트코인은 범죄,
불법금융에
많이 이용된다

➡️ 전체적으로 이번 파트 내용의 결론은 비슷하다. 비트코인에 대한 오해들은 대부분 비트코인의 문제가 아니다. 이를 뒷받침하기 위해 비트코인이 법정 화폐와 비교한 실제 데이터는 어떤지 살펴보겠다.

2021년 크립토(필자는 '크립토'라는 단어를 좋아하지 않지만, '암호화폐'라는 말보다 낫기 때문에 사용) 기반 범죄가 140억 달러로 사상 최고치를 기록했다. 그러나 크립토 시장의 규모가 2020년 대비 567%나 상승한 반면, 범죄 증가율은 79% 정도로 나타난 것을 볼 수 있다. 오히려 범죄 증가율이 크립토 시장 규모를 따라가지 못하는 것이다.

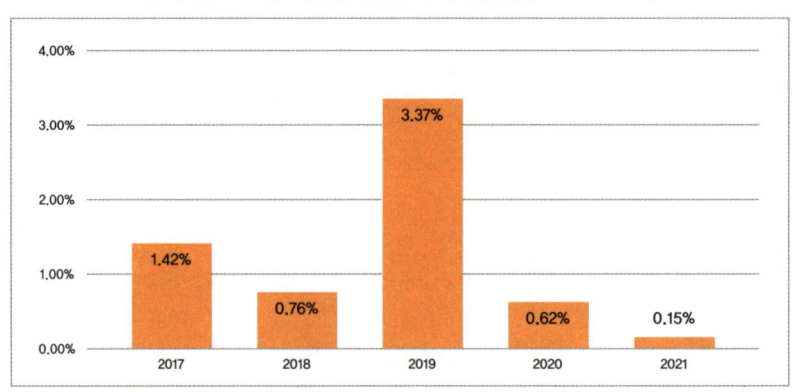

전체 암호화폐 거래량 불법 거래 점유율(2017-2021)

출처 : 체인어널리시스

그 뿐만 아니라 불법 거래에 사용된 수치도 점점 낮아져서 2021년에 0.15%가 되었다. CIA에서 33년 동안 근무한 부국장 마이클 모렐Michael Morell이 집필한 보고서에 따르면 다음과 같은 결론이 나온다.

1. 비트코인의 불법거래 사용은 언론이 상당히 과장했다.
2. 비트코인은 법 집행기관(법원, 금융감독원)이 범죄자를 특정하고 이용 할 수 있는 효과적인 도구이다.

이처럼 실제 비트코인이 범죄에 사용되는 비중은 0.15%에 불과한다. 한편, 법정 화폐를 통한 불법 자금은 전세계 GDP의 2~4%로 추정된다. 이는 전통적인 금융기관을 통해 발생한다.

비트코인을 활용한 불법적인 활동 비율(2012-2020)

- 2013년 10월: silk road darknet market(DNM) 폐쇄로 불법 비트코인 활동 급감
- 2017년 7월: AlphaBoy DNM의 종료는 불법 활동의 추가 감소로 이어짐
- 2019년: PlusToken Ponzi 사기가 불법 활동을 조금 증가시키는 것으로 이어짐

*SWIFT 보고서에는 테러 자금 또한 법정 화폐가 다수를 차지한다고 나온다.
*SWIFT는 국제 은행 간 통신 협회로 각국의 주요 은행 상호간의 지불·송금 업무 등을 데이터 통신을 행하는 것을 목적으로 하는 비영리 법인. 유럽과 북아메리카의 주요 은행이 가맹하고 있다. 1973년 벨기에에서 발족되었다.

출처 : 전 CIA 국장 마이클 오렐 보고서

비트코인을 이용한 불법 행위 추적은 은행 거래를 통한 불법 행위보다 용이하고, 현금 거래보다 훨씬 쉽다. 비트코인은 모든 거래가 연결되어있는 블록체인이며, 모두가 다 볼 수 있기 때문이다.

마지막으로 블록체인 데이터 분석 기업인 메사리의 'Crypto' 보고서에서는 법정 화폐가 비트코인보다 800배 더 많이 돈 세탁에 사용된다고 보고하고 있다. 그러나 이러한 결과를 기존 전통 금융 시장 관계자들은 언론에 발표하지 않는다.

자, 이제 질문을 하나 하겠다. 여러분은 전화를 통한 보이스 피싱에서 비트코인을 이체해 달라고 했다는 말을 들어본 적 있나? 아니면 금융사 직원을 사칭해서 현금을 인출해 달라는 말을 들어보았나?

아마도 대부분 후자의 사건을 접해봤을 것이다. 그렇다면 여기서 또 하나의 질문을 할 수 있다. 이처럼 우리가 사용하는 법정 화폐인 현금이 범죄에 많이 사용되는데, 그로 인해 현금이 나쁘다고 생각한 적이 있을까?

대답을 하기 전 다른 예시를 하나 더 들어보자. 만약 마약 거래에 비트코인이 사용되었다고 생각해 보자. 기존에 보유하고 있던 비트코인으로 마약을 구매하던 사람이 비트코인이 없다고 해서 마약 거래를 그만둘까? 아니면 비트코인보다 더 추적하기 어려운 현금을 사용해 거래를 계속하고자 할까?

정답은 여러분도 알고 있을 것이다. 마약을 거래하는 사람은 비트코인이든 현금이든 상관없이 화폐를 그저 수단으로 사용했을 뿐이다. 비트코인이 있으면 비트코인으로, 현금이 있으면 현금으로 거래를 하는 것이다. 실제로 마약 거래에 적발되어 증거물로 채택되는 뉴스를 보면 비트코인보다 현금 뭉치가 더 많이 나타난다.

필자는 "법정 화폐가 악이고 비트코인이 선이다!"라는 주장을 하는 것이 아니다. 비트코인이나 법정 화폐를 불법적인 활동에 사용하는 행위가 나쁜 것이지, 도구에는 잘못이 없다는 주장을 펼칠 뿐이다.

결론적으로 비트코인은 도구 또는 화폐 그 자체로서 어느 누가 사용해도, 어떤 방식으로 사용해도 그 누구도 문제 삼을 수 없고 제한을 둘 수 없다. 이것이 진정한 돈이자 화폐이기 때문이다.

03

세 번째 :
비트코인은
소수가
독점했다

비트코인은 창시자인 사토시 나카모토를 포함하여 4% 정도의 소수가 전체의 97%를 독점했기 때문에 비트코인은 옳지 않다는 주장이 종종 있었다. 하지만 이것은 비트코인만의 문제가 아니다. 그저 자연 생태계와 같이 자연스럽게 이루어진 일일 뿐이다. 하나씩 예를 들어보자.

숫사자는 가장 힘이 센 놈이 여러 암컷을 거느리고 번식하며 산다. 그러한 숫사자는 과연 나쁜 것일까? 암컷은 유전적으로 가장 강한 유전자를 고른 것뿐이다. 이것이 자연스러운 자연의 섭리고, 생태계다. 생존 본능인 것이다.

우주로 나가보자. 블랙홀은 엄청나게 강력하여 혼자서 수많은 행성과 빛을 빨아들인다. 그러한 블랙홀이 나쁜 것일까? 아니다. 그저 블랙홀은 그곳에 존재하여 제 역할을 했을 뿐이다. 이것 역시 자연의 법칙이고, 생태계다.

다시 시야를 좁혀 인간사로 돌아와 보자. 여러분은 살면서 주위에 수없이 많은 대형 마트를 봤을 것이다. 그로 인해 어려움을 겪는 시장을 본 적도 있을 것이다. 대형 마트가 시장을 독점해서 나쁜 것이니 비록 시간과 비용이 더 들더라도 여러 시장을 돌아다니며 물건을 살 것인가?

여기서 다시 비트코인을 생각해 보자. 비트코인은 사토시 나카모토가 경쟁 채굴했으며, 누구나 채굴해서 가질 수 있다고 했다. 이는 지금도 변함없는 사실이다. 허락이 필요 없고, 계급이나 성별, 나이, 종교, 신념 상관없이 누구나 시간과 비용을 들여 노력한다면 비트코인을 채굴할 수 있다. 그러니 위의 예시보다 더 공정하지 않은가? 이 부분은 다음에 나올 챕터에서 다시 설명하겠다.

비트코인의 분류

그럼에도 불구하고 사람들은 비트코인 보유량에 따라 분류를 시작했다. 이에 대한 통계는 아래와 같다.

비트코인의 공급 분배

분류	비율	수량
개인	9.7%	(1.81M)
기관	12.7%	(2.36M)
혹등고래 (>5k)	13.3%	(2.47M)
고래 (1k-5k)	18.4%	(3.43M)
상어 (500-1k)	6.6%	(1.23M)
돌고래 (100-500)	11.8%	(2.20M)
생선 (50-100)	4.7%	(1.81M)
문어 (10-50)	8.9%	(1.66M)
게 (1-10)	9.0%	(1.68M)
새우 (<1)	4.9%	(0.90M)

출처 : 글래스노드(2021년 1월)

1,000천 개 이상의 비트코인 보유자의 물량은 공급의 31%를 차지한다(기관, 펀드, 고래 등). 50개 이하의 보유자의 물량은 공급의 23%를 차지하고 있다(보통의 개인보유자, 개인투자자).

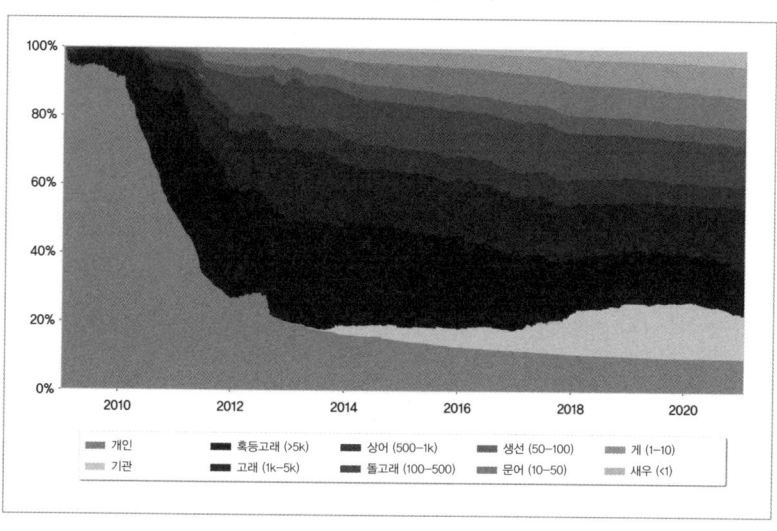

출처 : 글래스노드

2017년 이후 지난 몇 년간 소수 보유자(10개 이하)가 보유 비중을 130%나 늘렸고 10~100개의 보유자도 14%나 늘렸다. 반면 100~1,000개와 1,000개 이상의 보유자는 각각 -3%와 -7%로 줄어들었다. 실제로 뉴스에서 나온 것과 반대로 더 개인들에게 분배되는 과정을 보이고 있는 것이다.

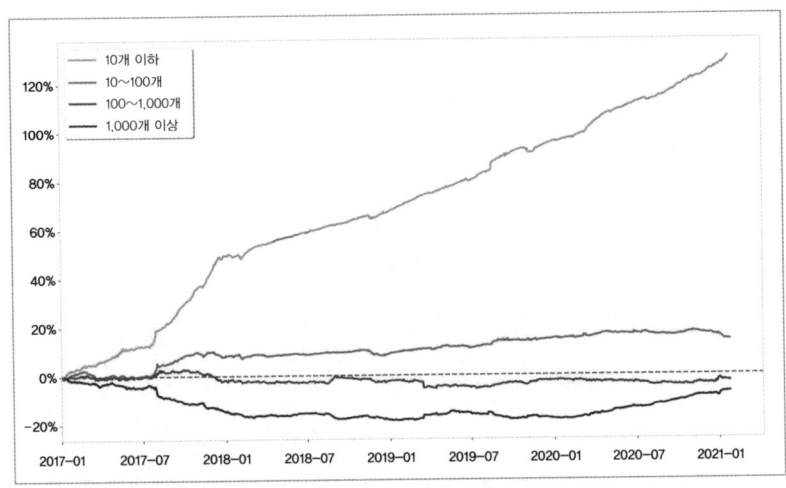

각 주체별 비트코인 보유량 변화

뿐만 아니라 2%(심지어 개인이 맡긴 거래소, 기관투자자)가 전체의 71.5%를 차지한다. 4%가 97%를 차지한다는 것과는 상당히 다르며, 대부분의 일반 개인투자자는 비트코인을 거래소에 두기 때문에 실제는

법정 화폐 독점 수치

더욱 분산되어 있을 것으로 추정할 수 있다.

그런 반면 법정 화폐는 1%의 부가 하위 90%보다 더 많은 양을 독점하고 있다. 여러분은 이를 어떻게 생각하는가?

04

네 번째 :
비트코인을
특정 국가나 정부가
막으면 끝이다

➡ 국가와 정부는 비트코인의 등장을 반기지 않기 때문에 각종 제제들을 통해 이들을 막을 것이라고 생각하는 사람들이 많다. 하지만 비트코인에 대한 생각은 국가마다, 정확히는 국가의 기관마다 다르다. 비트코인을 시장에서 몰아내기 위해 노력하는 국가 기관이 있는가 하면, 적극적으로 수용하려는 국가 기관도 존재한다.

그런데 만약 모든 국가가 비트코인을 막으려고 한다면 어떻게 해야 할까? 우선 비트코인 보유자를 감옥에 넣는 선택지를 고려할 수도 있다. 하지만 그것은 민주주의 국가에서 사실상 불가능한 일이며, 이를 실행하더라도 사람들에게 비트코인의 중요성만 더욱 각인시키는 꼴이 될 것이다. 이는 실제로 비트코인을 막으려던 중국도 하지 못한 일이었다.

실질적으로 비트코인을 막고 싶다면, 비트코인 자체를 망가트리는 것이 최선이다. 비트코인의 신뢰를 떨어트리면 자연스레 사라질 것이니 말이다. 비트코인을 망가트리려면 일명 '51% 어택'을 수행하면 된다. 51% 어택은 비트코인 해시레이트의 과반수 이상을 확보하여 기존 비트코인 거래를 임의로 조작하는 것을 의미한다.

그렇다면 국가는 51% 어택을 할 수 있을까? 앞서 말했듯이 51% 어택을 하려면 비트코인 해시레이트의 과반수를 점유해야 한다. 이를 한번 계산해보겠다.

비트코인의 해시레이트는 2024년 2월 16일 기준 552 EH/s이다. 그리고 비트코인 채굴기 중 가장 성능 좋기로 유명한 비트메인Bitmain의 S21 최신형 한 개의 해시레이트는 200 TH/s이며 가격은 5,000달러다. 이를 기준으로 했을 때 552 EH/s는 약 5억 5,200TH/s이므로, 200

TH/s의 비트코인 채굴기로 과반수를 점하려면 138만 대가 필요하다.

결론적으로 비트코인 채굴기 구입비용은 69억 달러(138만 대× 5,000달러)가 된다. 원화로 환산하면 약 9조원 정도가 소요된다. 그 외에도 채굴장 임대료, 전기료, 인건비, 세금 등의 비용은 추가로 지불해야 한다. 결국, 국가가 51% 어택을 하기란 쉽지 않다는 뜻이다.

혹자는 이를 세금, 즉 국가 예산으로 사용하면 되지 않냐고 반문할 수 있다. 하지만 이는 불가능하다. 한국의 경우 매년 말 내년 국가 예산을 어디에 사용할지 '국가 재정 운용 계획'이라는 보고서를 작성해 국민에게 보고해야 한다. 이때, 비트코인을 없애기 위해 9조원 이상을 배정하겠다고 한다면 국민들은 과연 이를 동의할까? 또, 비트코인을 없애기 위한 예산이 조금 부족하니 내년에 세금을 더 걷겠다고 한다면 어떨까? 여러분이라면 이를 동의하겠는가?

비트코인 네트워크 난이도

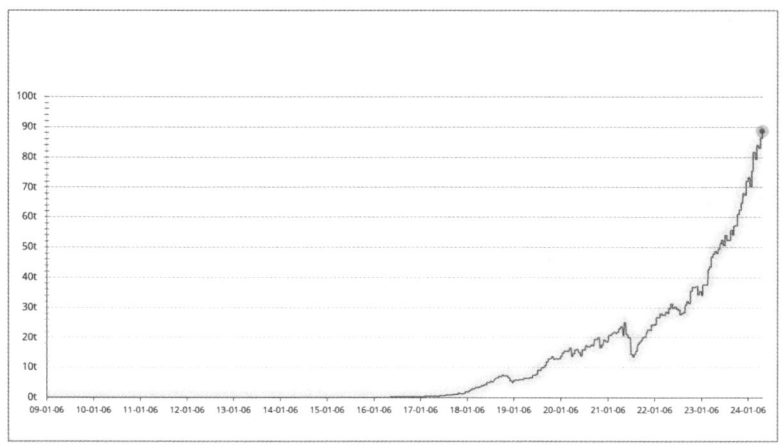

만약 예산 문제가 해결되었다고 하더라도 시간이 발목을 잡을 것이다. 비트코인 채굴기 안에 들어가는 반도체 138만 대를 한꺼번에 주문한다고 해도 그 모든 걸 한 번에 받을 수 없기 때문이다. 현재 미국에서 가장 큰 채굴 기업 조차도 1년 전에 주문한 비트코인 채굴기를 지금 와서 몇 백대씩만 받아서 설치하고 있을 실정이니 말이다.

아마 138만 대를 모두 채우려면 몇 십 년이 걸릴 것으로 예상된다. 그 시간 동안 채굴의 해시레이트와 그에 따른 채굴 난이도가 과연 멈춰 있을까? 14년간의 비트코인 채굴 해시레이트 난이도를 보면 아찔할 정도로 상승한 것으로 보아 그렇지 않을 확률이 높다.

05

다섯 번째 :
비트코인을
다 채굴하면
끝난다

비트코인 채굴이 완료되면 더 이상 채굴이 되지 않아 채굴자가 모두 사라지고 비트코인은 끝날 거라는 이야기가 있다. 하지만 사람들의 말과 달리 비트코인 채굴은 완료되는 시점이 정해져 있지 않다. 누군가 인위적으로 막거나 제한을 두지 않기 때문이다. 채굴이 완료되는 것이 아니라 채굴을 하면 받게 되는 블록 보조금 보상이 종료되는 것을 의미한다고 볼 수 있다.

가장 먼저 블록 보조금 보상이 종료되는 시점은 2136년으로 채굴이 완료되는 시점은 그 다음 반감기인 2140년이 된다. 그러므로 이것에 대한 고민은 100년 뒤에 해도 늦지 않다.

비트코인 반감기

반감기 년도	블록 보상
시작	50
2012	25
2016	12.5
2020	6.25
2024	3.125
2028	1.5625
2032	0.78125
2036	0.390625
⋮	⋮
2128	0.00000006
2132	0.00000002
2136	0.00000001

앞서 설명한대로 비트코인의 블록을 채굴했을 때의 총 보상은 블록 보조금과 거래 수수료의 합이다. 비트코인이 나온 이후로 거래 수수료의 하루 평균 거래 수수료는 53.6 BTC다.

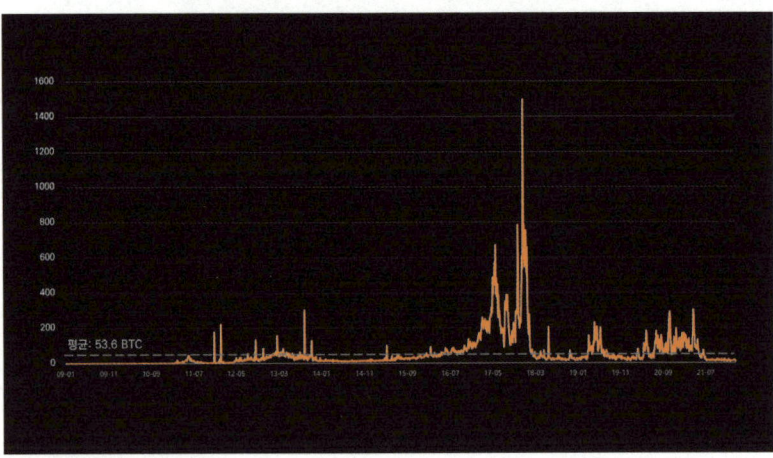

2024년 3월 기준 10분마다 비트코인 블록 보조금을 6.25 BTC가 보상받는다고 하였을 때, 이를 하루 동안 채굴할 경우 다음과 같은 값이 나오게 된다.

6.25 X 144(하루 24시간÷10분) = 900BTC

하지만 앞서 말했듯이 비트코인 블록 보조금은 반감기가 지날 때마다 절반으로 감소한다. 그리하여 반감기가 지날 때마다 하루에 생성되는 비트코인은 450BTC, 225BTC, 112.5BTC, 56.25BTC 등 절반으로 감소한다. 4회의 반감기가(반감기당 4년, 총 16년) 지난 뒤에 하루 동안 채굴하여 받을 수 있는 블록 보조금은 56.25 BTC이며 거래 수수료의 합은 53.5 BTC로 블록 보조금과 거래 수수료가 거의 동일하게 된다.

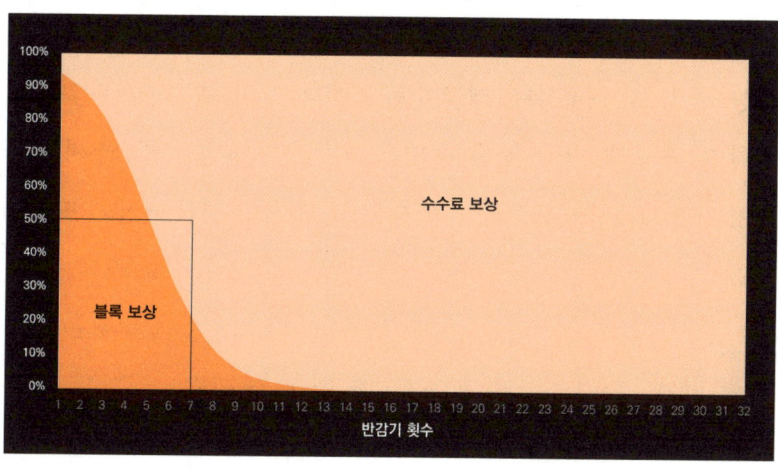

그리고 그 다음 반감기인 20년 뒤에 블록 보조금은 28.125 BTC가 되고 거래 수수료는 53.6 BTC가 되어 더 낮아지게 된다. 이는 비트코인이 가치 저장의 수단에서 화폐로 변모하는 과정인 것이다. 그러므로 블록 보조금이 계속 줄어들어도 거래 수수료가 존재하기 때문에 채굴은 계속 될 수 있다.

게다가 비트코인이 탄생한 2009년과 현재인 2024년의 거래 수수료 53.5 BTC에 대한 구매력은 다르다. 그렇다면 채굴 블록 보조금이 종료되는 2124년 시점의 53.5 BTC의 구매력은 지금과 같을까? 아니면 지금보다 높을까?

현재 비트코인 채굴자들은 나스닥 채굴 기업들이 주를 이루지만, 최근 원자력 발전을 이용한 채굴 기업 또한 나타나기 시작했다.

하지만 2140년이 되었을 때 모든 채굴기업과 채굴자들이 채굴을 하지 않는다는 극단적인 가정을 한다면 어떻게 될까? 채굴 해시레이트는 낮아질 것이며 채굴 난이도는 그에 따라 조정되며 전기를 조금만 써도 가능할 정도로 매우 쉬운 채굴이 될 것이다. 그렇다면 더 쉬운 채굴이 되니 또 다른 채굴자가 생길 수 있다. 왜냐하면 전기를 조금만 써도 채굴이 되며 거래 수수료 또한 하루에 53.5BTC를 챙겨갈 수 있기 때문이다.

06

여섯 번째 :
사토시 나카모토가
사전 채굴했다

➡️ 인간이 만든 시스템 중 비트코인보다 더 공정한 것은 없다. 어떠한 계급이나 성별, 나이, 신념, 종교와 관계없이 내가 투여한 일의 양을 보상받는 것이기 때문이다.

게다가 비트코인은 기존에 허가를 받아야만 참여할 수 있는 시스템과 매우 다른 모습을 보인다. 인간의 판단 하에 처벌이 존재하는 시스템과 완전 반대라고 할 수 있다. 비트코인은 자연계와 매우 닮아 있다. 더 많은 보상을 가져가고자 할 때는 그저 더 많은 일의 양을 투입하면 된다.

비트코인을 만든 사토시 나카모토는 2009년 1월 3일 첫 블록을 생성하였다. 이를 '제네시스 블록'이라 한다. 그리고 2009년 1월 8일 비트코인 소스 코드와 실행 파일을 전세계에 공개하였다.

첫 보조금, 즉 채굴해서 얻는 보조금은 50개의 비트코인이었으며 누구나 허가받지 않고 참여하여 채굴한 보상을 수령할 수 있었다. 그것은 반감기가 3회 지난 2024년 현재도 마찬가지다. 비록 그 보조금은 조금 줄었지만 말이다.

하지만 여기서 한 가지 의문이 생긴다. 분명 사토시 나카모토는 1월 3일 첫 블록을 생성한 뒤 50개의 보조금을 수령 받고 5일 뒤인 1월 8일에 전세계에 알렸다. 하지만 이를 알리기 전 5일간은 사토시 나카모토가 오롯이 혼자 비트코인을 독점한 상태였다. 이는 비트코인이 말하는 공정한 일의 양 투입에 반하는 것 아닌가?

사토시 나카모토는 이 부분 조차 명쾌히 해결하고자 했다. 처음 만든 블록의 비트코인 50개의 보조금을 사용 못하게끔 비트코인 소스 코드에 집어넣은 것이다.

  이는 비트코인의 총 발행량 2,100만 개를 소스 코드로 집어넣어 수정하려면 다수 참여자의 동의(51% 이상)가 있어야 하는 것과 같다. 실제로 비트코인의 테스트넷Test NET*에서 동일한 소스 코드를 갖고 보조금을 수령하려면 오류가 발생하게 된다. 비트코인을 만든 본인조차 공정 경쟁을 그만큼 중요하게 생각한 것이며 이 시스템에는 인간의 판단을 모두 제거한 것이다.

  비트코인의 채굴은 경쟁자가 많을수록 해시레이트가 높아지며 채굴 난이도가 증가한다. 이때 채굴 난이도는 10분에 1블록 기준으로 2,016블록 당 채굴 난이도를 산정한다. 사토시 나카모토가 공개했다고 하지만 그 당시는 사토시 나카모토만큼 비트코인을 잘 아는 사람이 없었다. 때문에 10분에 1블록 기준보다 훨씬 빠르게 채굴해서 독점하며 다른 참여자가 채굴하기 어렵도록 채굴 난이도를 올릴 수 있었다.

  하지만 사토시 나카모토는 이것조차 하지 않았다. 오히려 10분에 0.6블록이 채굴되게끔 느리게 설정하여 드문드문 채굴했다.

  사토시는 두 가지를 염두에 둔 것이라 생각한다. 첫째, 비트코인 51% 공격의 가장 큰 위협을 사토시 나카모토 본인으로 생각해 이를 경계했다. 51% 공격 가능성이 본인에 의해서 일어난다고 사람들이 인지한다면, 비트코인 네트워크의 안정성을 의심받을 수 있기 때문이다.

＊테스트넷 : 비트코인의 개발자들(모두가 사용 가능함)이 테스트하기 위한 비트코인과 똑같은 비트코인 테스트 버전이다.

둘째, 의도적으로 해시레이트를 낮춰 채굴 난이도를 오히려 떨어트렸다. 채굴 난이도가 내려가면 비트코인 채굴에 들어가는 해시레이트가 더 적어지니 다른 채굴자들도 쉽게 채굴할 수 있게 된다. 그러므로 사토시 나카모토는 다른 선의의 경쟁자인 채굴자들이 충분히 들어올 수 있도록 시간을 꾸준히 확보해준 것이다.

그리고 채굴자들이 어느 정도 진입한 시점인 2010년 6월 이후에 사토시 나카모토는 더 이상 비트코인을 채굴하지 않았다. 그리고 2011년 4월 26일 그는 영영 자취를 감추었다. 왜 2010년 6월 이후에는 채굴을 하지 않았는지 첫 블록(제네시스 블록)의 보조금을 수령할 수 없게 한 것이 실수였는지 아니면 이 모든 것이 의도된 일인지 더 이상 물어 볼 수 없게 되었다.

07

일곱 번째 : 제2의 비트코인이 나온다

지금까지는 제2의 비트코인은 나오지 않았을까? 그동안 다양한 코인들이 비트코인보다 기술적으로 보완하여 나왔다며 홍보했다. 심지어 비트코인은 1세대 코인이며 그것을 개선한 2세대, 3세대 코인이 더 우세하고 앞으로 비트코인을 앞지를 것이라고 장담하며 목소리를 높였다.

세대별 주요 암호화폐

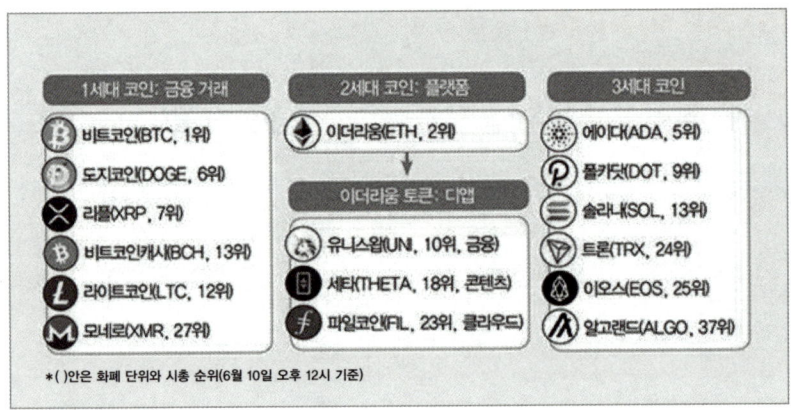

출처 : 코인마켓캡

14년간 비트코인을 대체한다며 다양한 것들을 앞세워 나왔지만 단 한번도, 단 1초도 비트코인을 뛰어넘은 적은 없었다. 비트코인을 하드포크해서 새로운 코인을 만든다고 해도 비트코인 채굴자와 네트워크 그리고 사람들의 지지를 받으려면 비트코인이 걸어온 길 그 이상을 견뎌내며 막대한 비용이 들어가야 하기 때문이다. 혹여 그렇게 한다고 해도 비트코인을 뛰어넘을 수 있는 보장은 없다.

비트코인 하드포크 맵

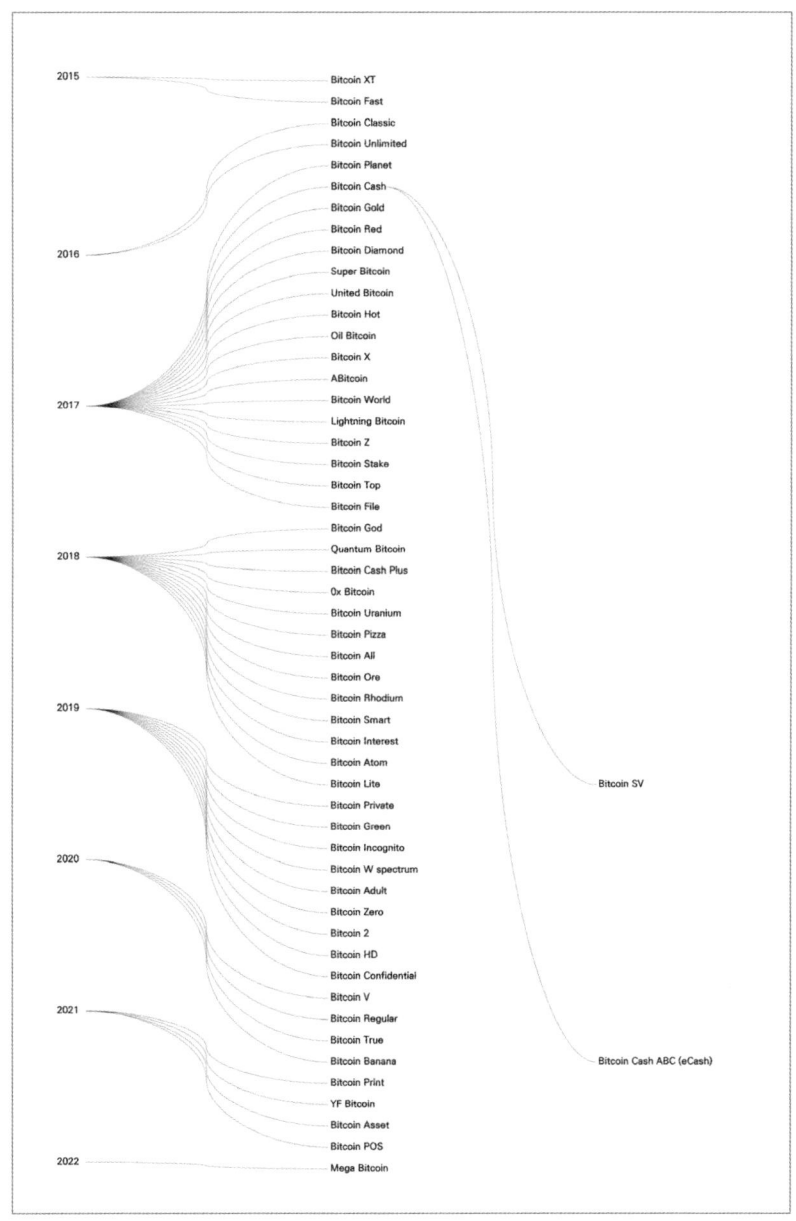

혹자는 자본과 인력을 가진 미국의 빅테크 회사들(예를 들면 애플)이 비트코인을 개선한 코인을 발행한다면 비트코인의 인기가 식지 않겠냐는 의문을 제기하기도 했다.

하지만 이는 시작부터 불가능한 이야기다. 법인이 코인을 발행하여 사람들에게 자금을 모집하는 것은 주식, 즉 증권에 속하기 때문이다. 증권거래위원회에 등록하고 코인을 발행하면 되지 않을까 하는 상상도 펼쳐지나, 이 또한 매우 어렵다. 이 행위는 기존 회사의 주주들의 권리를 훼손하는 것으로 CEO가 이를 시행할 경우 회사에 대한 배임 행위가 될 수 있다.

다시 돌아와 비트코인은 현재 대부분의 코인과 다르게 자금 모집을 하지 않았고, 모두가 공정하게 경쟁하여 채굴한 뒤 보상을 받았다. 심지어 창시자인 사토시 나카모토 또한 그렇게 하였다.

이 구조를 똑같이 가져가면서 비트코인 보다 나은 제2의 비트코인을 만드는 것은 본문에서 말했듯이 비트코인이 똑같이 했던 길을 걸어야 한다. 그리고 더 많은 비용을 투입해도 성공 확률은 높지 않다.

PART 7.

비트코인 라이트닝 네트워크의 미래

01

라이트닝 네트워크란?

라이트닝 네트워크란 2019년에 처음 개발된 솔루션으로 비트코인 네트워크를 이용한 상위 레이어에서 결제나 기타 기능 등을 빠르게 이용할 수 있도록 한다.

여기서 비트코인 네트워크는 블록체인이라 할 수 있다. 비트코인 네트워크를 이용하면 통칭 온체인On-Chain 거래라 하며 상위 레이어에서 처리가 이루어지면 오프체인Off-Chain이라 한다.

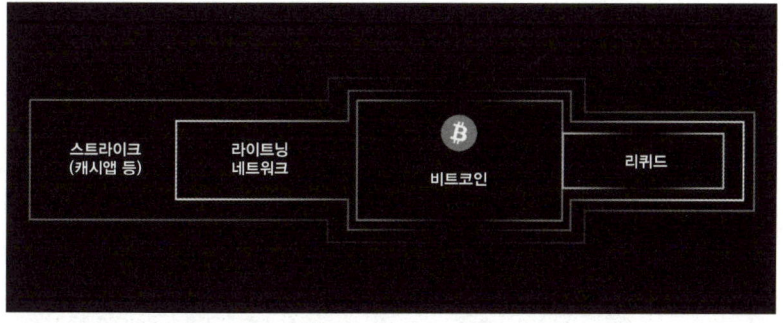

그래서 라이트닝 네트워크는 오프체인 거래이며 초당 2~4,000만건의 거래를 처리 할 수 있기 때문에 결제의 목적으로 가장 많이 사용되고 있다. 라이트닝 네트워크를 개발하는 회사는 라이트닝 랩스Lightning Labs와 블록스트림Blockstream 크게 두 곳이 있다.

라이트닝 네트워크는 당연히 비트코인을 사용하며, 라이트닝 채널을 개설하여 사용한다. 채널 개설은 누구나 할 수 있는데, 채널 개설시 보유한 비트코인을 담보로 설정하여야 한다. 그리고 설정된 비트코인 한도 내에서 전송하며 주고받을 수 있다. 그래서 라이트닝 네트워크의 채널 총량은 비트코인의 총 수량인 2,100만 개를 넘을 수 없다. 즉 없는 비트코인을 임의로 생성하는 것은 불가능하다.

라이트닝 네트워크를 이용하고자 하는 사람은 개설한 채널을 고르지 않아도 된다. 라이트닝 기능을 제공하는 서비스(보통 스마트폰 앱)에서 전송을 하면 자동으로 개설된 채널에 연결되어 비트코인을 전송할 수 있기 때문이다.

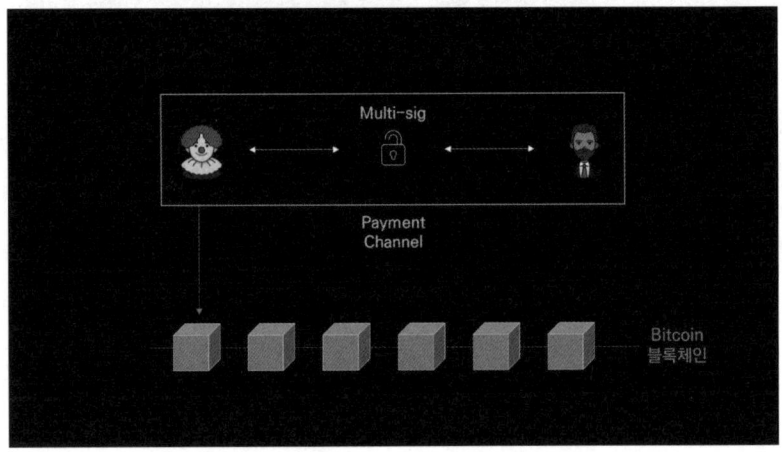

비트코인과 달리 라이트닝 네트워크는 채널을 신뢰해야 하는 차이가 있다. 즉 탈중앙화 되지는 않았다. 하지만 채널 개설자가 거래가 종료되지 않은 상태에서 임의로 채널을 닫거나 다른 곳으로 빼려고 하면 자동으로 채널 개설자가 담보로 묶은 비트코인이 모두 차감된다. 그렇기 때문에 라이트닝 네트워크의 채널에서는 부정 행위가 일어나지 않는다.

이처럼 라이트닝 네트워크는 비트코인의 탈중앙화와 빠른 전송 속도를 결합한 솔루션이라 할 수 있다. 이러한 라이트닝 채널은 전세계에 10만 개 가까이 개설되어 있으며 라이트닝 네트워크가 제대로 상용화되어 사용된 것이 4년 정도인 것을 감안하면 매우 빠르게 퍼지고 있다는 것을 알 수 있다.

02

라이트닝 네트워크를 이용한 서비스

1. 다양한 결제 서비스

라이트닝 네트워크는 주로 결제할 때 사용되는데, 이때 비트코인을 전송하는 수단을 다양하게 확장할 수 있다. 단순히 스마트폰에 라이트닝 네트워크 앱을 설치하여 사용하는 것뿐만 아니라 라이트닝 네트워크 카드가 존재한다는 뜻이다.

영국의 볼트 카드사는 라이트닝 네트워크를 사용해 직불, 기프트, 선불 총 3가지의 카드를 제공했다. 직불 카드는 비트코인, EUR, GBP를 사용할 수 있고 기프트 카드는 미리 앱에서 충전하여 선물할 수 있으며, 선불 카드는 직접 충전된 카드를 상점에서 사용할 수 있다.

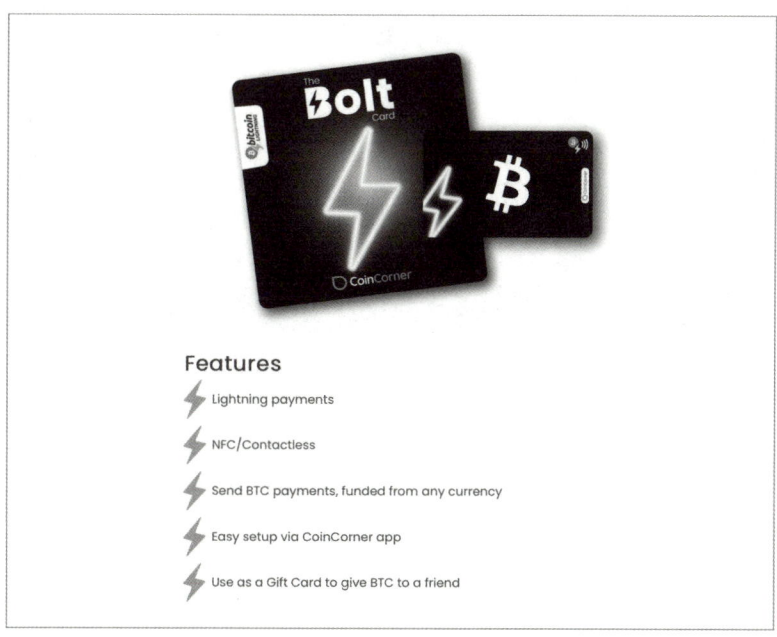

출처 : 볼트 카드 홈페이지

라이트닝 네트워크는 모든 앱에서 호환이 가능하므로 해당 기프트 카드는 라이트닝 네트워크를 사용하는 앱이라면 어디서든 사용이 가능하다.

트위터의 창시자(전 트위터 CEO) 잭 도시가 설립한 블락Blocks의 앱 중 하나인 캐시앱CashApp에서는 온체인인 비트코인과 오프체인인 라이트닝 네트워크를 가리지 않고 하나의 QR코드로 받기와 보내기가 다 가능하다.

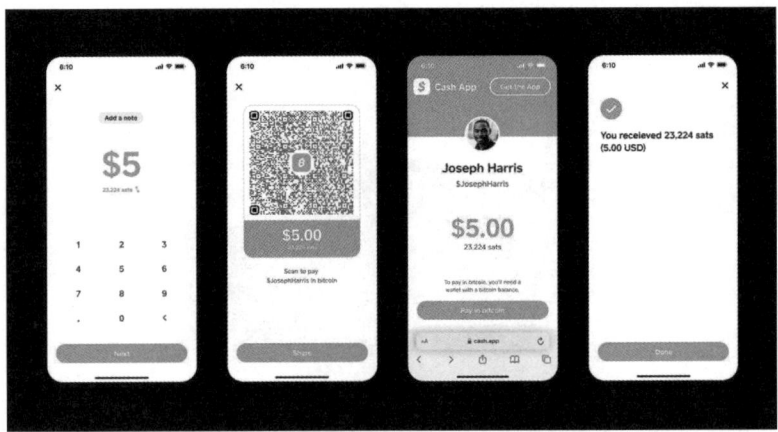

출처 : 캐시앱

비트코인을 보내야 하는 사람이 해당 QR코드를 찍으면 별도의 선택 없이 비트코인이 알아서 캐시앱에 도착한다. 이는 진정한 현금 어플리케이션이 되는 것으로 UI와 UX가 간편하고 편해 훨씬 효율적인 기능을 제공한다고 할 수 있다.

한국에도 라이트닝 네트워크를 이용한 중고 장터 겸 판매 사이트가 존재한다. 바로 '사토시 마켓Satoshi Market'이 그 주인공이다. 이곳에서는 누구나 입점을 신청하여 자신의 제품을 판매 하거나, 중고물품을 특별한 신청 없이 바로 사고 팔 수 있다.

일반적인 중고 장터 또는 쇼핑몰에서는 핸드폰 번호, 이름, 주민번호, 결제 시 필요한 은행이나 카드 등과 같은 결제 정보가 필요하다. 하지만 이곳은 어떠한 개인 정보도 넣지 않고 오로지 비트코인으로만 결제해 익명 거래가 가능한 플랫폼이다.

2. 토큰 발행 및 전송 가능 서비스

라이트닝 네트워크는 결제를 할 때만 사용할 수 있는 것이 아니다. 직접 토큰을 발행하거나 주고받을 수 있는 솔루션 또한 존재한다.

라이트닝 네트워크 개발사 중 한곳인 라이트닝 랩스에서 '탭루트 에셋Taproot Asset'이라는 솔루션을 개발하고 있다. 이는 라이트닝 네트워크에서 달러를 포함한 여러 토큰을 발행하고 전송이 가능하도록 하는 것이 특징이다.

사용자는 앱을 통해 라이트닝 네트워크상에 접속, 달러를 비트코인으로 전환만 하면 원하는 곳으로 바로 전송하고 받을 수 있다.

비트코인은 몇몇 국가에서 법정 화폐로 채택이 되었지만 아직 그렇지 못한 국가의 국민들은 자국 통화의 가치 절하에 속수무책이며 실제로 자국 통화가 아닌 달러를 사용한다. 하지만 은행계좌가 없는 국민도 많을 뿐더러 위조지폐 때문에 많은 위험을 떠안게 된다.

바로 이럴 때, 비트코인의 오프체인인 라이트닝 네트워크에서 발행한 달러가 하나의 해결책이 될 수 있다. 비트코인 네트워크의 안정성과 검열저항성을 이용하며 라이트닝 채널 특성상 신원을 특정하기 어렵기 때문에 정부의 탄압으로부터 안전하기 때문이다. 이것이 모두 비트코인의 검열저항성과 탈중앙화 덕분이다.

라이트닝 네트워크에서 타로가 동작하는 방법

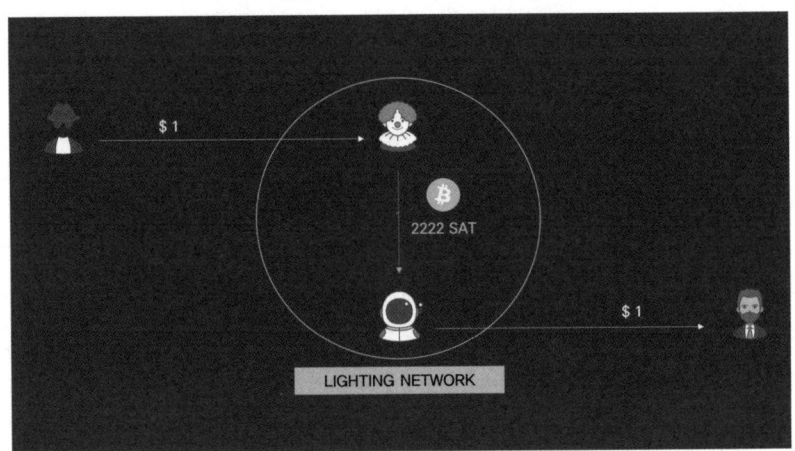

03

라이트닝 네트워크를 사용하는 방법

라이트닝 네트워크를 쓰는 방법은 다양하다. 직접 채널을 개설할 수도 있으며 채널을 개설해주는 라이트닝 네트워크 앱을 사용 할 수도 있다. 요새는 바이낸스Binance, 코인베이스Coinbase, 크라켄Kraken, OKX 등 해외의 대형 거래소들은 모두 라이트닝 네트워크 출금을 지원한다.

비트코인을 거래소에서 출금할 때 거래소들은 비트코인에 전송 수수료를 포함해 많은 출금 수수료를 부과한다. 특히 국내 거래소는 현재 기준 0.001BTC를 받는다. 비트코인의 전송 수수료가 1~20달러 정도인 것을 감안하면 수수료가 비싼 편이다. 하지만 라이트닝 네트워크의 전송 수수료는 1~10 SAT(사토시)이며 거래소들의 출금 수수료 또한 10 SAT를 받는다.

이처럼 수수료도 합리적인 라이트닝 네트워크 앱(지갑)을 사용하려면 앱 스토어에서 원하는 것을 다운받아 사용하면 된다. 월렛 오브 사토시Wallet of Satoshi, 스피드 월렛Speed Wallet, 블링크Blink, 스트라이크Strike, 피닉스Phoenix 등이 대표적이며 앱간 추가 기능의 차이가 조금씩 있지만 보내고 받는 등의 주요 기능은 모두 사용할 수 있다.

앱을 다운 받았다면 전송할 비트코인을 오프 체인인 라이트닝 네트워크로 옮겨서 사용해야 한다. 방법은 매우 간단하다. 내가 가지고 있는 비트코인 월렛에서 위의 라이트닝 월렛의 비트코인 주소로 보내면 자동으로 전환된다. 이제 라이트닝 네트워크를 이용한 다양한 결제를 만끽할 수 있다.

라이트닝 네트워크 앱에서 다시 내가 가지고 있는 비트코인 월렛으로 언제든지 보낼 수 있으며 내 비트코인 월렛 주소로 보내면 자동으로 다시 비트코인으로 전환되어 전송된다.

라이트닝 앱끼리는 당연하게도 모두 호환되어 서로 주고받을 수 있다. 라이트닝 앱에서 이메일 주소와 비슷한 형식인 나만의 라이트닝 주소로 QR코드를 생성하거나, 내가 받고 싶은 비트코인 개수를 미리 입력하여 송장 QR코드를 생성할 수 있다.

나만의 라이트닝 주소는 영구적으로 사용할 수 있으며 보내는 사람이 비트코인 수량을 넣어서 전송해야 하며, 송장은 QR코드의 주소가 24시간만 유효하며 보내는 사람이 비트코인 수량을 따로 넣을 필요가 없다.

송장은 비트코인 결제 매장의 사장님들이 물건 값을 받을 때 사용하면 결제하는 사람이 편리하게 이용할 수 있다.

한국의 라이트닝 네트워크를 이용한 비트코인 결제 매장은 2022년 이후에 급격히 늘어나서 2024년 5월말 현재 약 70곳 정도로 파악되고 있다.

라이트닝 네트워크를 이용한 매장을 쉽게 찾을 수 있게 하고자 가장 많이 쓰는 지도인 네이버 지도에 표시해 놓은 것도 있다. 이는 'BTCmap. KR'을 들어가면 누구나 확인 할 수 있다.

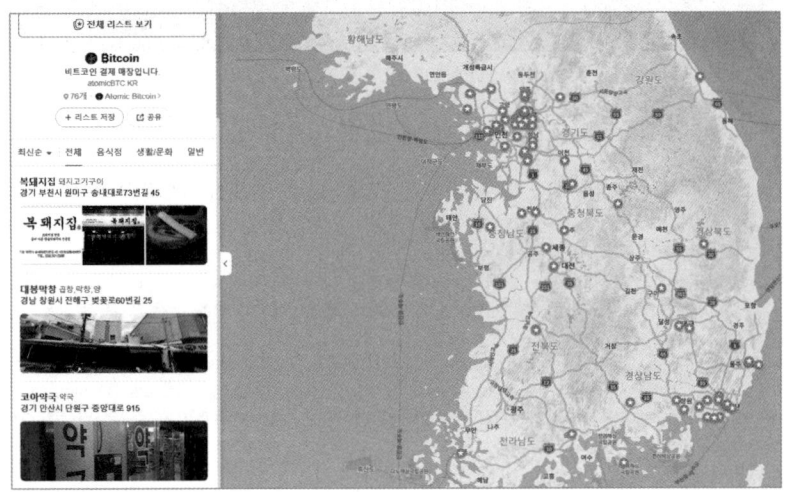

지도에 표시된 매장이 근처에 있다면 꼭 들러서 라이트닝 앱으로 결제해보자. 실제 비트코인이 실시간으로 출금되어 누르자마자 전송되는 경험은 놀랍도록 감동적이다.

비트코인 결제는 누구의 허가나 허락을 필요로 하지 않기 때문에 글을 쓰는 이 시점에도 알려지지 않은 라이트닝 네트워크, 또는 비트코인 결제 매장이 늘어나고 있고 그 추세는 점점 증가하고 있다.

―― 에필로그 ――
비트코인의 새로운 시대가 열리고 있다

어릴 적 저축의 중요성을 배우며 용돈을 아껴 모으던 시절을 떠올려 보면, 우리는 돈의 가치가 영원할 것이라고 너무 당연하게 여겼다. 어머니의 칭찬에 기뻐하며 매월 받는 용돈을 차곡차곡 모았지만, 그 돈의 가치가 시간이 흐르면서 줄어들 것이라는 사실은 미처 생각하지 못했던 것이다. 성인이 되어 사회에 나와 급여를 받고, 여러 금융 상품에 투자하면서도 우리는 여전히 같은 실수를 반복했다.

필자에게는 초등학교와 중학교에 다니는 세 명의 딸이 있다. 아이들이 경제에 대해 얼마나 알겠냐마는, 나는 아이들에게 비트코인을 꾸준히 모으게 하고 있다. 아이들은 종종 생기는 용돈의 일부를 떼어 주며 "아빠, 비트코인을 사둬!"라고 내게 말한다. 그 모습을 보고 있노라면 얼마나 귀엽고 기특한지 모른다.

아이들의 첫 비트코인 구매는 2020년 12월로 거슬러 올라간다. 그때부터 아이들은 비트코인을 저축하기 시작했다. 당시 비트코인의 가격은 약 2,000만 원이었고, 3개월 만에 8,000만 원까지 올랐다가 다시 1,800만 원으로 떨어졌다. 현재는 1억 원 언저리에 있다. 결과적으로 아이들은 현재 3배 이상의 수익을 보고 있다. 하지만 단순히 수익을 봤다는 것만이 중요한건 아니다.

필자는 아이들에게 두 가지를 가르치고 싶었다. 첫째로는 '좋은 자산은 오랫동안 꾸준히 모아야 한다'라는 것이고, 둘째는 '가격이 오르내리더라도 그것은 단지 소음에 불과하다'는 것이다. 장기 투자의 가치를 깨닫고, 투자에 있어 인내와 낮은 시간 선호의 중요성을 알려주고자 했다. 아이들도 매스컴이나 SNS에서 비트코인 가격 이야기가 나올 때면 아빠에게 "아빠, 비트코인 떡락했어?"라고 묻곤 한다. 그 다음에 이어지는 말은 더 기특하다. "그럼 조금 더 사줘."

이 책을 읽는 독자들 중 일부는 '아이들에게 비트코인 같은 것을 가르치다니!'라고 불편해할 수도 있다. 그 마음도 충분히 이해한다. 그러나 비트코인은 이제 단순한 디지털 자산을 넘어, 우리의 미래 삶에 중요한 자산으로 자리 잡아가고 있다.

비트코인의 시대는 이제 새로운 장으로 넘어가고 있다. 단순히 개인 투자자나 기술 애호가의 영역을 넘어서서, 공적 기관과 금융 시스템의 중요한 부분으로 자리 잡고 있다. 더 나아가 비트코인은 정치적, 경제적 영향력을 가진 글로벌 현상으로 부상하고 있다.

미국의 유력한 대선 후보인 도널드 트럼프는 과거에는 비트코인에 비판적이었지만, 최근에는 비트코인을 미국의 전략적 비축물로 삼아야 하며, 남은 비트코인을 모두 미국에서 채굴해야 한다고 주장하고 있다. 이는 과거에 많은 전문가들이 '미국은 비트코인 같은 자산을 가만두지 않을 것'이라고 했던 예상과는 전혀 다른 방향으로 나아가고 있다.

또 다른 대선 후보였던 로버트 F. 케네디 주니어는 미국 재무부가 매일 550개의 비트코인을 매수해 총 400만 개의 비트코인을 보유해야 한다고 주장한다. 그는 현재 미국이 전 세계 금의 19%를 보유하고 있는 것과 비슷한 비율로 비트코인을 보유함으로써, 미국의 경제적 주권과 통화 시스템을 보호할 수 있다고 강조한다.

미국 공화당의 신시아 루미스 상원의원도 한 발 더 나아가 미국 정부가 100만 개의 비트코인을 비축하고, 2035년까지 매도하지 않는 법안을 준비 중이다. 이는 비트코인의 장기적인 가치를 보호하고 미국의 디지털 자산 시장을 강화하기 위함이다. 물론 이들의 공약과 주장이 당장에 실현되는 것은 그리 쉽지는 않아 보인다. 그러나 그들이 그러한 생각을 갖고 있다는 것이 더 중요하다.

이와 동시에, 한국의 국민연금이 비트코인을 가장 많이 보유한 미국 나스닥 상장사인 마이크로스트레티지 주식을 최근 2분기에 상당한 금액으로 매수했다는 소식도 들려오고 있다.

이제 아직도 의심이 든다면, 이 책의 마지막 문구를 다시 한번 되새겨 보길 바라면서 책을 마무리하고자 한다.

모르면 의심하고 두려워한다. 의심과 두려움은 모든 기회를 앗아간다. 의심과 두려움은 무지에서 온다. 그러므로 의심과 두려움이 밀려오면 공부하고, 연구하고, 사색해서 실체를 파악해야 한다.

리얼 머니, 더 비트코인 :
혼돈의 시대, 거대한 부의 탄생이 시작됐다
ⓒ 이장우 2024

초판 1쇄 발행 2024년 10월 1일
초판 2쇄 발행 2025년 9월 30일

지은이　이장우
펴낸이　박성인

기획　　김멜리띠나
책임편집　강하나
마케팅　　김멜리띠나
경영관리　김일환
디자인　　Desig

펴낸곳　허들링북스
출판등록　2020년 3월 27일 제2020-000036호
주소　　서울시 강서구 공항대로 219, 3층 309-1호(마곡동, 센테니아)
전화 02-2668-9692　**팩스** 02-2668-9693
이메일　contents@huddlingbooks.com

ISBN　　979-11-91505-45-0(03320)

*이 책은 허들링북스가 저작권자와의 계약에 따라 발행한 것이므로 무단 전재와 무단 복제를 금지하며, 이 책의 전부 또는 일부 내용을 이용하려면 반드시 저작권자와 허들링북스의 서면 동의를 받아야 합니다.
*파본은 구입하신 서점에서 교환해드립니다.